**SIMON &
SCHUSTER**

**LIBROS EN
ESPAÑOL**

"Sistuh Iyanla nos llama para caminar por el camino de la fe, para confiar en nuestras esperanzas y no en nuestros temores. *Actos de fe* es un bálsamo para los espíritus heridos."

—Bebe Moore Campbell
autor de *Your Blues Ain't Like Mine*

"Iyanla, la Maestra, nos da a las personas de color las armas para pensar afirmativamente que neutralizan y reemplazan las creencias subconscientes negativas. El autopoder es entonces nuestro —ACTO DE FE."

—Dr. Barbara L. King
fundadora-ministro del Hillside International
Truth Center, Inc.

"La mayor pobreza del mundo no es pobreza física sino pobreza de la mente y el espíritu. *Actos de Fe* es un golpe mortal a la pobreza."

—Dr. Edison O. Jackson
presidente, Medgar Evers College

"Estas afirmaciones africanas son esenciales para todos los africanos en los años por venir. Si pudiéramos empezar cada día durante un año con estos grandes pensamientos, podríamos lograr el gran destino que nos aguarda."

—Na'im Akbar, Ph.D.
profesor y director ejecutivo, Florida State University
y Mind Productions & Associates

IYANLA VANZANT

Actos
de Fe

Meditaciones Diarias
para Mejorar el Espíritu

Simon & Schuster
Libros en Español

SIMON & SCHUSTER
LIBROS EN ESPAÑOL
Rockefeller Center
1230 Avenue of the Americas
New York, NY 10020

Publicado en inglés como *Acts of Faith*.

SIMON & SCHUSTER LIBROS EN ESPAÑOL y su colofón son marcas registradas de Simon & Schuster, Inc.

Diseño por Songhee Kim
PRODUCIDO POR K&N BOOKWORKS

El catálogo de la Biblioteca del Congreso está pendiente. Puede solicitarse información.

ISBN 0-684-83143-0

Impreso en los Estados Unidos

10 9 8 7 6 5 4

Yo seré encontrado por ti y yo te rescataré de tu cautiverio; yo te recogeré de todas las naciones y de todos los lugares a donde te he llevado; y, yo te traeré al lugar de donde yo hice que tu fueras sacado en cautiverio.
—Jeremías 29:10–14

Mi más sincero aprecio, amor y gratitud a mi hija Gemmia por su contribución a diez de estas páginas;

Mi hija Nisa por impedir que mi nieto se comiera estas páginas;

Ralph Stevenson por soportar mis interminables solicitudes y llevarme a todas partes cuando estaba en el proceso de parir este libro;

Kim Mickens, quien escribió y reescribió y nunca se quejó cuando yo garabateaba cambios en las páginas que ella había acabado de mecanografiar;

Dawn Daniels, mi editor, quien me apoyó y confió en mí lo suficiente como para saber que tenía que ser hecho;

Shaheerah Linda Beatty, quien me quiso y me rogó por mí a través de todo el proceso haciendo arreglos con Detroit Bell para poder estar en contacto;

Barbara O y Nana Korantemaa, que nunca me hicieron una pregunta que ellas no pudieran contestar;

Mi Padrino, quien con sus oraciones hizo que el poder bajara y llegara a mi casa;

Mi familia de Paso de Transformación en Philadelphia y Detroit, que nunca dejó de rogar, alabándome y dándome estímulo;

y, por supuesto, Dios, quien siempre supo que yo tenía esto dentro de mí y finalmente me convenció, también.

Comenzó cuando tomaste este libro. La meta de estas ofrendas es ayudar a los hijos de la tierra en el redesarrollo de sus mentes, sus cuerpos, y sus espíritus. ¿Quiénes son los hijos de la tierra? Los hijos de un color más oscuro. Porque ellos son los que nacieron de un primer Padre y Madre. Porque ellos fueron los que aprendieron, a través de la prueba y el error, cómo extraer las abundantes riquezas de la tierra. Ellos son los que tienen el secreto del comienzo y del fin enterrado profundamente en sus almas. Estas ofrendas son herramientas para ser usadas para desenterrar los secretos de modo que puedan ser utilizados.

Hay unos cuantos requisitos menores a los cuales uno debe adherirse para llegar a darse cuenta del valor total de estas ofrendas. Primero, estar abierto, preparado, y dispuesto para recibir la información. Algo de esto te resultará nuevo. La mayoría de esto ya lo has escuchado en algún momento, de alguna forma. La diferencia es que ahora estás dispuesto a ver, escuchar, y usar la información para lograr un objetivo: una vida libre de tensión y llena de paz. Tienes que estar dispuesto a aceptar que la tensión es el resultado de algo que no se ha resuelto. Las cosas sin resolver significan que hay detalles de los que no te has ocupado. Esos detalles son la fundación básica de lo que haces. Lo que haces es vivir, y la vida debe comenzar en tu interior. Ese es el segundo requisito. El tercer y último requisito es la disposición de reevaluar, reprogramar, y recanalizar tu pensamiento. La tensión se irá cuando decidas que ya no hay lugar para ella en tu vida. Los obstáculos y los retos no se detendrán hasta que cambie tu percepción de ellos. Las dificultades y los desengaños tal vez no cesen, sin embargo puedes verlos bajo una luz diferente, con un nuevo sentido de conocimiento: todo en la vida tiene su propósito.

Hay cuatro áreas básicas que causan tensión y desequilibrio a las personas que pertenecen a los grupos minoritarios: nuestra relación con nosotros mismos, nuestra relación con el mundo, nuestra relación con los demás, y nuestra relación con el dinero. Debido a eso, este libro ha sido dividido en esas cuatro secciones. Cada una brindará ofrendas para que consideres y, ojalá, uses para reestructurar tu acercamiento y tu percepción. No importa quién seas o dónde te encuentres en cualquiera de esas áreas. Tú puedes hacer cambios, lograr mejoras, y eliminar la tensión en todas tus relaciones.

Tómate el tiempo para leer una afirmación cada día. Escribe o repite la afirmación de modo que se grabe en tu mente. Cuarenta es el número para construir bases. Podrías tratar de repetir la afirmación cuarenta veces a lo largo del día. Si te olvidas, cuatro veces también funciona, ya que el número cuatro representa los elementos cardinales (aire, agua, fuego, tierra) y los puntos cardinales (norte, sur, este, oeste). Si no lo puedes hacer, leer una página al día también tendrá su efecto; siempre hay algo para todos.

Recuerda también, "Lo que el hombre siembra en su corazón será lo que cosechará." Lo que pongas en el proceso de liberar tu mente y tu vida de la tensión será lo que obtendrás de ella. Cambiar no es fácil. Sin embargo, no tiene por qué ser difícil. Un astrólogo y amigo mío muy querido, Basil Farrington, una vez me ofreció un análisis muy bueno del proceso de hacer un cambio. Lo comparto contigo con la esperanza de que te ayude:

Hay preciosos diamantes enterrados en lo profundo de la tierra. Para poder llegar a ellos, sin embargo, debemos excavar y excavar mucho. Cuando lleguemos a la roca del fondo, debemos aplicar presión para dar forma y moldear el diamante. No es la excavación, sino la presión lo que hace al diamante. La melcocha está hecha de suavidad. Es suave, dulce, fácil de derrumbar bajo presión, y no le sirve

a nadie. Se te ha retado a que decidas lo que quieres ser
—un diamante o una melcocha— espera, ¡creo ver una chispa en tus ojos! ¡La presión se está ejerciendo, la curación
ha comenzado! Ojalá que el brillo de esa chispa en tus ojos
traiga luz a todo el mundo.

YO TE SALUDO
Y HONRO TU GRANDEZA

Iyanla

Actos
de Fe

YO

No hay nada en el mundo más poderoso que el Espíritu. Este Espíritu es nuestro verdadero "Yo". El sabe exactamente lo que debemos aprender a hacer en la vida, cómo aprenderemos a hacerlo y si estamos dispuestos o no a prestar atención a lo que el "Yo" nos está enseñando. Nuestro "Yo" real está entero y completo. Es sabio y justo. Ilimitado y siempre presente. Cuando recurrimos al poder, al conocimiento y la sabiduría del "Yo", podemos llevar a cabo nuestro propósito en la vida con gracia y facilidad. Cuando entregamos nuestro "Yo" a las exigencias y expectativas de otros, nos confundimos, nuestro espíritu se pierde y se destroza. Nuestra tarea en la vida, cuando decidimos aceptarla, es permitir que el Espíritu dentro de nosotros sea el "Yo" que se convierte en un regalo al mundo.

1 de enero

Hay un poder mayor que yo que me ama exactamente como soy.

•

La tensión comenzó el día en que te enteraste que se esperaba que complacieras a otras personas. Tus padres querían que te mantuvieras limpio y tranquilo. Los vecinos querían que fueras respetuoso y servicial. Los maestros querían que prestaras atención y estuvieras al tanto de todo. Los amigos querían que compartieras y pasaras tiempo con ellos. Cada vez que no hacías exactamente lo que alguien esperaba de ti, no eras bueno, o no lo bastante bueno. Eras malo, débil o tonto. Por desgracia, tú comenzaste a creerlo. Al acceder a las exigencias, día a día, perdiste un poco más de ti mismo y de tu entendimiento de la verdad. La verdad es que estás bien, ¡tal y como eres! ¡Perfecto en tu imperfección! ¡Eres divino! Haciéndote más brillante cada día, puedes aceptar la verdad de quién eres. La próxima vez que quieras saber quién eres, lo que eres o si lo que haces es lo correcto, no le preguntes a tu vecino —pregúntale al poder que llevas por dentro... ¡y presta atención a la respuesta!

¡El poder divino que llevo por dentro sabe exactamente quién soy!

Nuestros corazones son la envoltura que conserva la palabra de Dios, no necesitamos nada más.

—El Corán, Sura 4:155

●

¿Cuándo fue la última vez que te sentaste a conversar sinceramente contigo mismo? ¿Has examinado realmente tu corazón en los últimos tiempos? ¿Estás guardando heridas de la infancia? ¿Estás todavía consolando un corazón destrozado? ¿Estás asustado? ¿Enojado? ¿Te sientes culpable o avergonzado? ¿Hay alguien a quien necesites pedirle perdón? ¿A quién has perdonado últimamente? Si Dios fuera a hablarte hoy a través de tu corazón, ¿qué escucharías? En el afán diario de vivir, a veces olvidamos que realmente tenemos todo lo que necesitamos. Está bien guardado y seguro dentro de nosotros, contribuyendo a nuestros pensamientos y motivando nuestras acciones. Si lo escucháramos, nos hablaría y nos diría exactamente qué hacer. ¿Cuándo fue la última vez que conversaste sinceramente contigo mismo?

Con un corazón puro, tengo equilibrio en mi vida.

No tengas temor de mirar tus debilidades.
—Proverbio yoruba

●

Aunque sabemos que siempre se puede mejorar, tendemos a alejarnos de las críticas. Nuestros egos nos dicen que nos estan atacando, y, muy naturalmente, nos queremos contraatacar. Para poder ser seres sanos y completos, necesitamos conocer todo sobre nosotros. A veces esa información debe venir de los demás. Esto significaría admitir que no siempre estamos en lo cierto y saber que no hay nada malo en cometer errores. Un error, una equivocación, una mala elección o una pobre decisión no quiere decir que "hay algo en mí que no está bien". Quiere decir que estás en camino de ser mejor. No cometemos errores debido a nuestra raza o a nuestro color. Los cometemos porque somos humanos. Cuando reconocemos nuestros errores y enfrentamos nuestras faltas, nadie puede usarlos en contra nuestra.

No tengo miedo de admitir cuando me equivoco.

4 de enero

Dedica un día a sanarte de las mentiras que te has dicho a ti mismo y las mentiras que te han dicho.

—Maya Angelou

●

Hay un momento cuando tenemos que detenernos y escuchar lo que nos estamos diciendo a nosotros mismos — "Soy tan estúpido," "No tengo un centavo," "No sé cómo hacerlo," "No puedo aguantarlo más...". Sin embargo, en medio de nuestra deshonesta charla estamos progresando mucho, logrando muchos objetivos, superando obstáculos aparentemente invencibles. Lo podemos ver porque no dejamos de mentirnos a nosotros mismos. Nos mentimos porque nos han mentido — "No eres bueno," "No puedes hacerlo," "Nunca lo lograrás," "Cómo crees que vas a hacer eso..." No podemos pensar porque hay tantas mentiras corriendo desenfrenadas por nuestra mente. La única manera de erradicar una mentira es con la verdad. No sólo debemos decir la verdad, sino que también debemos pensar con la verdad. La verdad es que salimos de un sitio donde nace el éxito: en la mente del Altísimo. La verdad es que nunca nadie que haya hecho un negocio legítimo con el Señor ha perdido.

La verdad surge como un manantial de mi mente.

¡PARE!

●

La mayoría de nosotros sabemos exactamente qué es lo que crea el dolor, la confusión, el estancamiento y los trastornos en nuestras vidas. Ya sea una costumbre, un comportamiento, una relación o un temor, lo sabemos. Por desgracia, parecemos impotentes para detener lo que sea. A veces creemos que no tenemos la disciplina o la fuerza de voluntad para detener eso. El comportamiento se hace tan habitual que lo hacemos sin pensar. En otras ocasiones, sabemos exactamente lo que es y lo que hacemos, pero, sencillamente, seguimos haciéndolo de todas formas. Nosotros somos los únicos responsables por lo que sucede en nuestras vidas. Podemos dar excusas y echarle la culpa a los demás, pero somos responsables por y con nosotros mismos. Cuando encontramos algo o alguien que está creando en nuestras vidas aquello que no deseamos, debemos reunir el valor y la fuerza para detenerlo.

Hoy uso mi poder para detener lo que ya no es bueno para mí.

Tienes que aclarar la mente antes de que coloques en ella la verdad.

—Ministro Louis Farrakhan

●

Todo el mundo tiene algo de lo que se avergüenza, algo que teme o algo de lo que se siente culpable. Cada uno de nosotros, de una manera única, desarrollará un método conveniente para manejar eso. Algunos de nosotros lo negamos. Algunos les echamos la culpa a los demás. Algunos combinamos ambas cosas. Sin duda llegará el día en que nos veremos forzados a examinar aquello que hemos escondido. Podemos voluntariamente comenzar este proceso de examen diciéndonos la verdad sobre nosotros mismos. Todos tenemos el derecho de cometer errores. Lo que no podemos hacer es justificarlos. Cuando no somos capaces de admitir nuestras faltas, las faltas se convierten en lo único que ven los demás. Cuando nos negamos a admitir lo que hemos hecho en el pasado, bloqueamos nuestro camino hacia el futuro. No importa cuán terribles pensemos que somos, cuán malos creamos que hemos sido, cuán bajo pensemos que hemos caído, podemos limpiar nuestras mentes y comenzar de nuevo.

La única salida es la verdad.

Desea ser solamente lo que eres, y serlo perfectamente.
—San Francisco de Sales

●

Un ministro amigo mío me dijo en una vez, "Dios descansó el séptimo día". El dijo, "Eso es bueno, muy bueno". Entonces llegamos nosotros y tratamos de mejorar lo que ya es perfecto. Para las personas de color, la costumbre más dañina que tenemos es tratar de ser quienes y lo que no somos. Gastamos tantas energías tratando de arreglar lo que somos, que pocas veces llegamos a conocernos. Si nos diéramos cuenta realmente de cuán precioso es el regalo de la vida, no gastaríamos ni un momento en tratar de mejorarlo. Si entendiéramos cuán preciosos somos nosotros para el regalo de la vida, no gastaríamos tiempo en tratar de arreglarnos. No se trata de cómo lucimos o de lo que tenemos. No se trata de arreglar nuestro rostro, nuestro cuerpo o nuestra vida. Se trata de ver lo que tenemos y hacer con eso lo más que podamos. Se trata de aprender y de crecer. Cuando estamos dispuestos a aprender lo que no sabemos y a usar nuestras experiencias, nuestra perfección comenzará a verse.

Me acepto tal como soy.

Conoce tu ideal y vive para él. Porque cada alma debe rendirse cuentas a sí misma.

—Paramhansa Yogananda

•

Todo lo que nos sucede, y toda elección que hacemos, es un reflejo de lo que creemos acerca de nosotros mismos. No podemos ir más allá de nuestro nivel de autoestima. No podemos atraer hacia nosotros más de aquello que creemos valer. Las cosas en las que creemos y que decimos acerca de nosotros mismos regresan a nosotros en formas diversas. La automotivación viene del autoconocimiento. Debemos inspirarnos creyendo que tenemos el poder de lograr todo aquello que nos proponemos. Debemos poner fe en nuestra habilidad para usar la mente y el espíritu y ver nuestras vidas de la manera en que las deseamos. Debemos usar el poder interno y el poder de nuestro ser para derribar las murallas, atravesar las barreras y avanzar con facilidad entre los obstáculos. Nuestros cuerpos han sido liberados. Ahora debemos hacer que nuestras mentes lo crean.

¡Libre soy, aleluya, soy libre!

Puede que no sepas cómo aumentar tu autoestima, pero sin duda sabes cómo hacer que siga descendiendo.

—Awo Osun Kunle

●

La autoestima es un sentido de valor y dignidad que proviene de una autoimagen positiva. La autoestima comienza contigo y se extiende a todo lo que haces. Con la creencia de que lo mejor que puedes hacer es dar lo mejor de ti, nadie si no tú podrá destruir tu autoestima. Destruyes tu autoestima cuando no cumples tu palabra. Cuando no cumples los acuerdos y los compromisos que haces. Si dices "sí" cuando en realidad quieres decir "no". Cuando no sigues tu primera idea. No importa cuál sea tu medio ambiente. No tiene mucha importancia cuál sea tu pasado. No te importa lo que otros puedan estar diciendo o haciendo. Es sólo en tu mente donde tú construyes o destruyes tu autoestima.

Yo soy tan grande como creo que soy.

Si tu ojo te ofende, arráncatelo...

—Mateo 5:29

●

La única manera de eliminar la tensión y el dolor es dejar de hacer las cosas que los crean. Es fácil ver lo que otros nos hacen, pero olvidamos los problemas que creamos para nosotros mismos. ¿Cómo? Escoge: Necesidad de tener la razón. Falta de propósito en la vida. Cómo pensamos que los otros nos ven. Tratar de arreglar el mundo. Deshonestidad con nosotros mismos y con los demás. Aceptar la verdad de otra persona. Buscar la riqueza material antes que los valores espirituales. Hacerlo todo solo. Mi forma es la forma correcta. Miedo del futuro. Patrones de pensamiento negativos. Tratar de probarte ante los demás. Ira contra el pasado. Decirle a los otros lo que tienen que hacer. Todo se resume en "no saber quiénes somos".

Cuando me conozco, dejo de hacer lo que no es bueno para mí.

No hay peor consejero que el miedo.

—Proverbio panameño

●

Los celos son la manera más segura de perder a la persona que más temes perder. Cuando dices te amo, significa, "Quiero para ti todo lo mejor, ya esté o no esté yo incluido." Debes reconocer cualquier sentimiento de celos para entenderlo. Los celos son un aviso de los deseos de tu mente subconsciente. Te recuerdan que lo que añoras también te está añorando a ti. Sólo hay dos emociones: el amor y el miedo. Cuando surgen los celos, detente y reconoce que es realmente miedo alzando su feo rostro. El miedo de perder a alguien o algo, miedo de que no haya bastante. Si tú permites ponerte celoso, no puedes amar. Es importante reconocer todos tus sentimientos y no castigarte por sentirlos. Tus sentimientos no son buenos ni malos, ellos son, sencillamente. Los celos simplemente te recuerdan que tú eres digno de lo mejor. Cuando recuerdas quién eres, los celos se disolverán y tú estarás listo para recibir lo que deseas.

Yo honro mis sentimientos sin que importe lo que son.

Ve y cree y, para no equivocarte, toca.
—Proverbio colombiano

●

Antes de que nos enseñaran las reglas del mundo, con todos sus puedes y no puedes, nosotros éramos realmente muy receptivos. Estábamos dispuestos a probar nuevas cosas, a incursionar lugares prohibidos y a tomar riesgos sin vacilaciones. No creíamos en la infelicidad, la derrota, el rechazo o la carencia. Pedíamos lo que deseábamos y estábamos dispuestos a exigir que se nos diera. Pensábamos que el mundo existía para responder a nuestras necesidades. Nos haría bien regresar a las maneras de la infancia si queremos atraer lo bueno a nuestras vidas. No son las rabietas temperamentales o los berrinches infantiles lo que queremos. Lo que necesitamos es la franqueza y el sentirnos libres de limitaciones. Nos han enseñado a aceptar el miedo, la carencia, el dolor y las restricciones como parte de la vida cotidiana. Tenemos miedo de exigirle a la vida porque nos parece que no podemos tener lo que queremos. Ya no nos sentimos libres para expresar lo que sentimos, cuando lo sentimos. Ahora, queremos ser amigos de todos. Si tan sólo pudiéramos pensar nuevamente como un niño, habría una buena oportunidad de que encontráramos la libertad que entregamos al convertirnos en adultos.

Hoy, soy un niño otra vez.

El cielo es donde estarás cuando te sientas bien donde estás ahora.

—Sun Ra

●

Pretende por un momento que eres un visón —hermoso, valioso, precioso debido a la piel que te cubre. De repente, tu patria es invadida por cazadores, con palos. Los cazadores lucen amables, sin embargo te acercas a ellos con cautela. Ellos acarician a los críos, que son inocentes, menos cautelosos. Al acercarte a tus críos, los cazadores atacan. Te golpean. Te sientes aturdido, luchando por mantener la ecuanimidad. Los cazadores te roban tu piel, tus retoños, la esencia misma de tu ser. Te dejan tirado a morir, pero sobrevives. Tu piel sale de nuevo. Más fuerte. Más bella que antes. De alguna manera, esto no tiene sentido. Lo mismo que te hace quien eres y lo que eres es la fuente de tu dolor. Confuso, desconfiado, te escondes o camuflajeas tu piel, tu esencia. Silenciosamente comienzas a maldecir tu piel, porque los cazadores regresan una y otra vez. Comienzas a entender que nunca podrás escaparte de ser lo que eres. Mientras tengas piel, serás objeto de caza. La cuestión es: ¿Maldecirás tu piel, te darás por vencido y morirás? ¿O, sencillamente, continuarás siendo un orgulloso, pero cauteloso, visón?

No esconderé quien soy ni lo que soy.

Las personas exitosas triunfan porque aprenden de sus fracasos.
—Bettina Flores

●

Las cosas más difíciles de enfrentar en la vida son las cosas que no te gustan de ti mismo. No se trata de las orejas, las piernas, el pelo o esas costumbres o habilidades que no están en su mejor nivel. Son las cositas feas que tú sabes acerca de ti mismo las que necesitan ser examinadas detenidamente. Las reconoces cuando las ves en los demás, pero les pones excusas cuando se trata de ti. Harías cualquier cosa para cubrir una falta, mientras que señalas rápidamente las faltas de otro. Como lo mismo que se quiere esconder es aquello que primero se nota, necesitas decir, "¡Lo sé y estoy tratando de superar eso!" Hace falta un corazón lleno de amor, una mente dispuesta y un espíritu sensible para llegar al centro del ser. Pero cuando lo hagas, podrías extirpar las raíces de la fealdad.

Yo reconozco, acepto y abrazo todo acerca de mí.

Es evidente que la falta de educación es el obstáculo principal que confrontan los hispanos en sus esfuerzos por lograr un acceso pleno al sistema de vida norteamericano.

—Ileana Ros-Lehtinen, *Rising Voices: Profiles in Leadership*

•

Si puedes echarle la culpa a alguien por cualquier problema de tu vida, entonces tú, no ellos, eres quien está cavando tu propia tumba. Tu adversario principal viene a enseñarte una lección. Tu reto más difícil fortalece tus habilidades para sobrevivir. Tu mayor temor profundiza tu fe. Tu habilidad más débil te impulsa a crecer. Cualquier persona y cualquier cosa puede constituir un reto para ti. No se apoderará de ti hasta que tú no te rindas. Sólo tú puedes determinar lo que haces y cómo respondes ante una situación. Es tu responsabilidad tomar una decisión acerca de lo que es importante para ti; escoge lo que deseas y cómo vas a conseguirlo. Una vez que lo logres, es tu responsabilidad seguir hacia adelante hasta que lo consigas.

Defiendo las cosas que me interesan.

Sentarse en un sitio sagrado significa que hay que sentarse solo.
—Marilyn "Omi Funke" Torres

●

Hay momentos en los que cada uno de nosotros tiene bendiciones sagradas que aprender. Estas son las lecciones que nos empujarán al límite de nuestra grandeza. En momentos como estos, puede parecer que los demás nos están abandonando, rechazando o criticando injustamente. No es así. No importa cuánto tratemos, no podemos hacer, decir o ser aquello que los otros esperan de nosotros. No podemos. Mientras más tratemos de halar a los demás hacia nosotros, más se alejan. Mientras más tratamos de arreglar las cosas, peores parecen ponerse. Lo que debemos hacer en estos momentos muy sagrados es concentrarnos, retirarnos y prepararnos para crecer. Nuestras lecciones son muy sagradas. Ellas son el ingrediente básico de nuestra grandeza. Para aceptarlas, debemos abrirnos. Para recibirlas, debemos estar dispuestos. Para entenderlas, debemos estar solos.

Estoy sentado en un lugar sagrado.

En la soledad de tu mente están las respuestas a todas tus preguntas sobre la vida. Debes tomarte el tiempo de preguntar y escuchar.

—Bawa Mahaiyaddeen

●

Hay tiempos en los que todos nos sentimos como si necesitáramos estar solos. Tan sólo queremos alejarnos de todos y de todo y estar solos. A veces podemos sentirnos culpables o egoístas por pensar así, pero es perfectamente normal. Estar solo es lo mejor que podemos hacer por nosotros mismos. Estar solo significa convertirse en un solo ser con el espíritu interior. Cuando estamos solos, tenemos una oportunidad de ponernos en contacto, de hablar y de dejarnos guiar por nuestra fuente de poder. El espíritu. Estar solo significa ir a la esencia de tu ser. Hacer preguntas en nuestro interior y obtener respuestas claras y concisas. Estar solo significa tomarse el tiempo de darte a ti mismo una pequeña porción de lo que has estado dando durante tanto tiempo. Es como beber de un manantial que te restaura la salud física, mental y espiritual. Así que adelante. Díselo a todos y no te sientas mal cuando lo digas. "Quiero estar solo."

Hoy soy un solo ser con el espíritu interior.

Son las cargas de los demás lo que mata al burro.
—Proverbio dominicano

●

Cuando te preocupas por hacer solamente lo que los demás "piensan" que tú puedes hacer, colocas el piso de tu prisión. Cuando conformas tus actividades basado en lo que los demás puedan decir, colocas los barrotes de tu prisión. Cuando permites que lo que los demás han hecho o están haciendo determine lo que tú puedes hacer, construyes el techo de tu prisión. Cuando permites que el miedo, la competencia o la avaricia guíen tus acciones, te encierras y botas la llave de tu prisión. Nuestra preocupación sobre lo que los demás dicen, hacen y piensan de nosotros es lo que encierra nuestra mente, nuestro cuerpo y nuestro espíritu.

Lo que otras personas piensen acerca de mí no me preocupa.

En nuestra hora de mayor necesidad el Creador no nos pide credenciales.

—Panegírico de Horace Harris

●

Hay tiempos en los que nos sentimos mal respecto a nosotros mismos, respecto a lo que hemos hecho y a lo que estamos enfrentando. En estos momentos es posible que creamos que merecemos que nos castigan, porque somos "malos" o porque hemos hecho cosas malas. Hay veces que nos sentimos tan deprimidos que nos convencemos que no importamos y que nada ni nadie más importa. Es entonces que comenzamos a pensar en Dios. ¿Existe Dios? ¿Le preocupan a Dios realmente nuestros problemas? Tal vez si hubiéramos recurrido a Dios antes, no estaríamos en la situación en que estamos ahora. No importa. Estamos aquí, así que comencemos. Esta es una oportunidad única para dar un nuevo comienzo, empezar otra vez y caminar hacia adelante. La clave es recordar que, no importe donde hayamos estado o cuán mal nos sintamos ahora mismo, Ese del que tal vez estamos huyendo sabe exactamente dónde estamos. El ha colocado una luz de paz en nuestros corazones. Una plegaria podrá encenderla.

Miro en mi interior para encontrar todas las respuestas que necesito.

Debes aprender a salir adelante con las piezas rotas.
—Rev. Louise Williams-Bishop

●

Arrancados de su tierra; despojados de su cultura, su religión y su nombre; golpeados por rebelarse y culpados por su estado de existencia, los descendientes de los africanos tienen derecho a sentirse destrozados. Sentirse destrozado no significa que no te quede nada. Quedan bastantes piezas sueltas como para agarrarlas, sujetarse a ellas y avanzar hasta la orilla. Tu vida es la pieza que te equipará para tener una meta. Tu meta es la pieza que te dará confianza. Tu confianza es la pieza que te dará persistencia. Tu persistencia es la pieza que asegurará tu éxito. Hay piezas de tus padres, amigos e incluso enemigos. Hay piezas de libros, canciones y experiencias. Más importante, hay piezas que vienen de lo más profundo de dentro de ti y que te guiarán con certeza y seguridad. Colócalas todas juntas y agárrate a ellas.

Mis piezas pueden estar rotas, pero de todas maneras yo sigo andando.
—Rev. Louise Williams-Bishop

Eres tanto como lo que eres ahora mismo.
—Proverbio yoruba

●

Tenemos imágenes tan pobres de nosotros mismos que nos cuesta trabajo ver lo bueno que otros ven en nosotros. Cuando alguien nos hace un elogio, nos apresuramos a señalar lo que está mal. Cuando alguien nos apoya o nos estimula, le recordamos nuestros fracasos. Nos rebajamos hasta tal grado que otros comienzan a poner en duda la fe que ellos han puesto en nosotros. Este círculo vicioso sólo logra rebajar nuestra ya baja autoestima. Hoy es un buen momento para considerar nuestros pensamientos sobre nosotros mismos. Podemos aceptar los elogios que recibimos cuando nos los damos a nosotros mismos primero. Podemos levantar nuestra confianza celebrando nuestras pequeñas victorias y éxitos. Podemos apoyar la fe y la confianza que los demás tienen en nosotros apoyando y teniendo fe en nosotros mismos. Todo comienza con nuestra disposición de reconocer que somos realmente buenos, tal y como somos.

Me siento bien conmigo mismo.

Dios no se alarma cuando tocamos fondo. El hizo el fondo.

—Ministro bautista

●

Hay etapas en nuestras vidas cuando sentimos que no hay salida ni manera de avanzar. Enfermedad. Pobreza. Confusión. Soledad. Desesperación. Estas cosas nos llevan al punto más bajo. En esas etapas te puedes sentir débil y vulnerable, y es fácil perder la fe en tu habilidad para continuar. Es exactamente en etapas como éstas cuando debes dirigirte al poder infinito que está dentro de ti. Debes saber que la verdad está exactamente donde tú estás. La fuerza que necesitas, la respuesta que quieres, la solución que transformará la situación, eres tú. Si puedes poner a un lado la ira, el miedo, la debilidad y la desesperación durante un minuto solamente, recordarás los "otros tiempos" en que estabas en el fondo y cómo, en un momento, milagrosamente, te elevaste y saliste de allí.

No hay lugar donde no esté Dios.

Pide, y se te dará...

—Mateo 7:7

•

Todos llegamos a un punto donde nos sentimos confundidos e indecisos. Parece que no podemos entender qué queremos ni sabemos qué hacer. Lo queremos todo, pero nada nos trae satisfacción. Nuestro espíritu está intranquilo debido a que nuestra mente no deja de correr. Es posible que no sea que no sabemos, sino que, probablemente, tenemos miedo de preguntar. Podemos sentir que estamos corriendo hacia algo, pero en realidad estamos huyendo de algo. En esos momentos tenemos que sentarnos, tranquilizarnos y evaluar qué es lo que deseamos. Debemos hacer esto tranquila y honestamente, y a menudo si es necesario. Somos seres humanos, bendecidos con el poder de la razón. Tenemos, en todo momento, el derecho y el poder de entender lo que deseamos. Una vez que lo hacemos, debemos tener el coraje de pedirlo. Si dejamos que nos limiten el color de nuestra piel, nuestro sexo o la manera de ser del mundo, siempre seremos rechazados. Tenemos el deber, para con nosotros mismos, de escoger algo y pedirlo. Cuando hayamos pedido, podemos descansar.

Hoy planeo escoger y pedir con mente abierta.

Porque ningún hombre puede ser bendecido sin la aceptación de su propia cabeza.

—Proverbio yoruba

•

Los sabios africanos conocieron y entendieron el poder de la mente. La gente sólo puede ser tan buena como sus pensamientos, tan exitosos como sus patrones mentales, tan avanzados como sus ideas. Los africanos no se basaban en los libros, teorías relativas o citas postulativas. Ellos les prestaban atención a sus pensamientos, rogaban tener una guía divina, seguían los instintos. Educación, dinero, fama y notoriedad los consideraban tan útiles como el agua sucia si no se tenía una mente clara, firme y enfocada. Su proceso era sencillo. Ellos desarrollaron una fe y una conexión poderosa con el Creador. Un amor y un respeto saludable por sus antepasados y sus padres. Un compromiso y una dedicación a las tradiciones de su familia. Y una confiada relación con el espíritu de su propia cabeza. Confía en tu cabeza y tu primer pensamiento sin que te importe lo que los demás puedan decir. Tu cabeza te lleva a los lugares donde quieres ir.

Bendigo el espíritu de mi cabeza.

Revisa tu propio S.P.
>   —Jewel Diamond-Taylor

●

S.P. se refiere a Sistema de Pensamiento —esas cosas que tú consideras ciertas acerca de ti mismo y de los demás. Tu S.P. es un producto de tus experiencias y percepciones. Esas cosas que tú has llegado a creer que son verdad. Esas cosas que están enterradas en el fondo de tu mente. Pero, ¿están realmente enterradas? *¡No!* Tu sistema de pensamiento determina tu medio ambiente, tus habilidades y la manera en que te acercas a las experiencias vitales. ¿Qué es lo que realmente crees de ti mismo? ¿Qué crees acerca de tu habilidad para tener, para ser y para hacer todas las cosas que más te gustan? Si realmente quieres saber en qué crees, échale una mirada a la gente, las condiciones y las situaciones en tu medio ambiente inmediato. Ellas son el reflejo de tu propio S.P.

Creo firmemente en lo mejor de mí.

Hace falta un compromiso muy profundo para cambiar y un compromiso hasta más profundo para crecer.

—Ralph Ellison

•

Cuando sabes que estás pensando, diciendo o haciendo cosas que son poco saludables o improductivas, debes hacer algo más que saber. Debe haber un apoyo genuino y amoroso hacia tu propio ser para hacer un cambio. Cambiar no significa reemplazar una mala costumbre con otra. No significa darte golpes a ti mismo, ni sentirte culpable ni avergonzado. Cambiar significa separarte voluntariamente de la gente y el medio ambiente que te ayuda a mantenerte poco saludable. Cambiar significa identificar lo que estás haciendo, reconocer cuándo lo estás haciendo, guiarte gentilmente a hacer algo diferente. Cambiar significa no ponerte pretextos, sino hacer exactamente lo que dices que harás. Cuando tú te apoyas a ti mismo en hacer los cambios que necesitas, estás apoyando tu propio crecimiento. Crecer es el compromiso de ser, hacer y tener lo mejor.

Yo estoy creciendo por medio de pensamientos, palabras y hechos.

Después que se lanzan, ni la palabra ni la piedra pueden regresar hacia atrás.

—Proverbio mexicano

●

Tu mente es un instrumento. Un regalo precioso que debe ser valorado y cuidado. No siempre tienes el control de lo que pasa por tu mente, pero sólo tú puedes determinar lo que se queda en ella. Si permites que la negatividad invada tu mente, producirás esa negatividad con tu boca. Tu boca es el mecanismo que revela cómo cuidas tu mente. Las condiciones de tu vida provienen de los pensamientos más dominantes de los que hablas. No hay nada que pueda apoderarse de tu mente de lo que tú no puedas librarte. Como tu mente responderá a lo que te dicen, háblales a las condiciones de tu vida. Cuando son buenas, da las gracias. Cuando no te convienen, exige un cambio.

Yo estoy en control de mi mente y de mi boca.

¡Tú tienes lo bueno, muchacho! ¡Uh-huh!
—Según lo canta Ray Charles

●

Tú eres el único que puede hacer las cosas a tu manera. Tú eres lo mejor. Tú tienes lo que hace falta. Tú tienes sustancia. Tú tienes poder. Tú y sólo tú tienes lo que tienes, y nadie te lo puede quitar. Tú vienes de lo mejor, del comienzo, de la fuente. Estás destinado a la grandeza. Tú heredaste un legado de éxito de aquellos que te precedieron. Ellos sabían que tú podías hacerlo, ¡tú también! Tú eres luz en la vida. Tú iluminas el mundo. Tú haces la vida digna de vivirse. No puedes fallar con las cosas que usas. Tú eres el comienzo y el fin de ese fenómeno llamado tú. Tú eres el que hace la cama. Tú eres el que manda. Tú te destacas por encima de la multitud. Nadie se puede parar al lado tuyo. Cuando pones tu mente en algo, lo logras. Entonces, ¿qué esperas?

Yo soy el tú que puede hacerlo.

Si tú no vendes tu pan, nadie te lo va a comprar.
                    —Proverbio yoruba

●

Somos capaces de dirigir y determinar el resultado de cualquier situación que enfrentemos por medio del poder del pensamiento. Sin embargo, como muchos de nosotros no nos damos cuenta de nuestro verdadero poder, no podemos darnos cuenta de la verdad de la frase: "Nadie puede hacer nada ni hacerte hacer nada a menos que tú se lo permitas." La clave es ser honesto contigo mismo y con los demás en todo momento, mantener tus pensamientos enfocados en el mejor resultado posible para todos los involucrados y no permitir nunca que te empujen a donde tú no quieres ir. Si alguien te llama "uva", probablemente no responderías. Pero si la misma persona se refiere a ti como un "spic", lo más probable es que hicieras a esa persona responsable de tu reacción. Nadie si no tú puede jamás ser responsable de lo que tú haces. La forma en que respondes a una situación determinada no es más que un reflejo de lo que tú piensas —de lo que está en tu cabeza. Cuando alguien hace o dice algo que tú consideras ofensivo, hazte un favor —no entregues tu cabeza.

Lo que cuenta es lo que está dentro de mi cabeza.

Unos piensan mal y otros bien, y ninguno tiene razón.
—Proverbio cubano

●

Las cosas que nos dicen nuestros padres, las cosas que leemos en los libros, las cosas que escuchamos y oímos de pasada, crean la base de nuestros pensamientos. Estos pensamientos se convierten en ideas. Para muchas personas de color, las ideas que tienen acerca de ellos mismos no son buenas. Existe la idea de que es difícil para las personas de la raza negra tener éxito. Esto se basa en la idea de que las personas de la raza negra no se esfuerzan lo suficiente. Existe la idea de que se prefiere a otras personas antes que a las personas de la raza negra. Esto hace surgir la idea de que las personas de la raza negra no son lo suficientemente buenas. Existe la idea de que los hombres de la raza negra no son respetados. Esto viene de la idea de que las mujeres de la raza negra han abandonado a los hombres de la raza negra. Existe la idea de que debido a que hay tantos problemas entre los hombres y las mujeres de la raza negra, los niños de la raza negra son niños perdidos. Lo que parece que olvidamos es que una idea morirá a menos que se lleve a cabo. Cada vez que consideramos la verdad de ideas falsas les damos derecho a vivir. Si una idea no es tuya o no te gusta, puedes elegir una idea mejor.

Yo creo en mi derecho de tener bondad ilimitada en mi vida.

La mente puede hacer un cielo del infierno o un infierno del cielo.

—Proverbio costarricense

●

Hay momentos en los que es difícil encontrarle una explicación a las experiencias que tenemos en la vida. ¿Cómo vamos a salir adelante sin dinero? ¿Cómo vamos a superar obstáculos intangibles? ¿Cómo vamos a avanzar a través de los desafíos, las dificultades y las limitaciones que enfrentamos a cada paso? Parecería que por mucho que trates, algo o alguien está ahí para impedirte en el camino. En tiempos como esos recuerda las palabras del Dr. Benjamin Mays:

No es tu medio ambiente;
No es tu historia;
No es tu educación o habilidad;
Es la calidad de tu mente la que predice
tu futuro.

Yo me tomo el tiempo para desarrollar mi propia mente.

1 de febrero

Inclusive si estás en el camino correcto, te van a pasar por encima si te sientas en él.

—Will Rogers

●

Un sentido positivo y saludable de autovalor y autodignidad es la base de nuestra felicidad y éxito. Cuando sabemos quiénes somos y creemos en eso, nuestros más grandes sueños se hacen posibles. Cuando tenemos dudas de nosotros mismos, cuando cuestionamos lo que valemos y saboteamos nuestro propio valor, nuestra mayor victoria no valdrá nada. Afirma: "Yo soy mi más grande héroe." Es ahí donde realmente comienza. Debemos creer en quienes somos y en lo que hacemos. Debemos levantar la cabeza y confiar en nosotros mismos para sobrepasar las dificultades sabiendo que podemos. Sólo nosotros podemos realmente apreciar y celebrar nuestro propio éxito. Estamos equipados y somos capaces de llegar a donde queramos estar. Si tenemos cualquier duda, siempre podemos darnos nuestra propia mano.

Yo creo ahora un patrón positivo de mi propio valor debido a que creo que soy lo mejor.

2 de febrero

Si siembras nabos, no vas a cosechar uvas.
—Proverbio akano

●

Cuando pasamos por un jardín y vemos todo florecido, no siempre pensamos acerca de las semillas que fueron sembradas mucho antes de que llegáramos allí. Nosotros sencillamente disfrutamos de la belleza de la cosecha. Nuestras mentes funcionan de la misma manera. Es la ley de expresión la que nos dice que debemos finalmente darles forma a esos pensamientos, emociones e impulsos que guardamos en nuestra mente subconsciente. Esa parte de nosotros no piensa. No razona, equilibra, juzga o rechaza. Ese es el fértil terreno que acepta todas y cada una de las cosas que sembramos. Malo o bueno, constructivo o destructivo, nuestras vidas llevarán el fruto de las semillas que plantamos en nuestras mentes. Si no tenemos fe o propósito o no creemos en nosotros mismos, no podemos culpar al mundo. Nosotros plantamos las rosas o las malas hierbas que vemos en el jardín. Podemos imaginarnos cosas buenas y maravillosas tanto como cosas problemáticas, nuestras mentes aceptarán cualquiera de ellas. Si queremos descansar y oler los lirios de nuestro valle, debemos darle atención constante a nuestras semillas de pensamiento.

Yo recojo una buena cosecha del terreno de mi mente.

El lugar más sagrado no es la iglesia, la mezquita o el templo, es el templo del cuerpo. Es ahí donde vive el espíritu.

—Susan Taylor

●

Tómate un momento para examinar tu cuerpo. Respira hondo. Deja que tu mente fluya a través de tu cuerpo. Siéntelo en tus pies, tus piernas, tus caderas. Deja que tu mente vague por tu abdomen, tu pecho, tu espalda. Examina tu cuello, tus hombros, tus brazos. ¿Qué estás sintiendo? ¿Miedo, cansancio, tensión, ansiedad, ira, culpabilidad, vergüenza? Respira hondo. ¿Dónde lo estás sintiendo? ¿En las piernas? ¿La espalda? ¿El cuello? ¿El pecho? Dondequiera que sea, sea lo que sea, tú eres el único mecánico puede poner a tono tu cuerpo. De un resuello puedes liberarte de tensión y sustituirla con lo que necesites. Transforma la ansiedad en la paz, la ira en la alegría, la tensión en el amor, el temor en la fe, la culpabilidad en la confianza. Tómate un momento ahora mismo y ponte en forma.

Cuando estoy a tono con mi cuerpo, me relajo y libero la tensión.

Que yo asuma cualquier forma que desee en cualquier espacio en que mi espíritu desee estar.

—El libro de aparecer por día,
traducido por el Dr. Maulana Karenga

●

Los antiguos conocían la conexión entre el hombre y lo Divino. Ellos sabían que, escondido debajo de la personalidad, las percepciones y las limitaciones autoimpuestas, se encuentra un espíritu de ilimitadas posibilidades. Ellos sabían que tú escoges con tus pensamientos la forma y los patrones de tu vida. Tú creas con tus palabras las condiciones que enfrentarás. Tú limitas con tu miedo la realización de tus deseos. Tú destruyes con tu sentido de culpabilidad la dirección de tu destino. Los antiguos conocían que sólo con un mantenimiento diligente de la mente y las emociones podría el hombre dominar su destino. Debido a que la sangre de los antiguos corre por tus venas, tú tienes el mismo conocimiento. Tú tienes las habilidades de ser lo que quieras en el lugar donde escojas. Sencillamente, sigue la receta divina para el éxito ilimitado: "Comienza por dentro."

Yo soy el comienzo y mi fin.

Nada puede reducir la luz que brilla desde por dentro.
—Maya Angelou

●

Cada uno de nosotros trae al mundo talentos, regalos y habilidades especiales. Aunque tú no sepas lo que es, o no valores lo que haces, alguien, en algún lugar, se beneficiará con tu presencia. Nadie puede hacer lo que tú haces exactamente de la forma en que lo haces. Es esta unicidad que te da valor en el mundo. Cada uno de nosotros es tan único y valioso como los demás. Así fue concebido. Un regalo de Dios. Los regalos no se dan basados en la raza o en el sexo. En honor a la verdad, los regalos vienen en muchas formas, tamaños y colores. Cuando haces lo que haces, exactamente de la forma en que lo haces, estás compartiendo los regalos de Dios, ofrecidos para el bien de la humanidad.

Yo tengo algo valioso que dar a la humanidad.

6 de febrero

Nadie sabe los misterios que hay en el fondo del océano.
—Proverbio yoruba

●

Tu cuerpo es 96 por ciento agua. Como el océano, tú eres un misterio lleno de tesoros escondidos. Mientras más profundo estés dispuesto a ir, más grandes son los tesoros que encontrarás. Tu mente es el único equipo que necesitas. Mientras más perspicaz sea tu mente, más grandes serán las profundidades que se te revelarán. Nunca permitas que nadie ni nada limite tu mente debido a tu raza, tu color o tu sexo, ya que tu mente alimenta tus emociones. Las emociones de tu corazón mantendrán a flote tus sueños. Si tú puedes sentirlo, el mundo debe revelarlo. Cuando te tomas el tiempo de respirar conscientemente, tranquilizando el movimiento de la mente, puedes sumergirte en los recursos más profundos de tu alma. Sumérjete dentro de ti mismo para encontrar la alegría, la fuerza, la paz, la libertad y el amor que tal vez estés buscando en las orillas de la vida.

Yo miro dentro del océano de mi ser interno para encontrar los tesoros de la vida.

Si no tienes confianza en ti, estás doblemente derrotado en la carrera de la vida. Con confianza, has ganado inclusive antes de haber empezado.

—Marcus Garvey

●

Una historia de opresión, rechazo, injusticia y abuso ha sido el detrimento mayor para las personas de color. Hemos escuchado durante tanto tiempo a lo que no podemos hacer, que tenemos muy poca confianza en lo que podemos hacer. Es esta falta de confianza, no el racismo, el odio, la falta de educación o la injusticia social lo que crea el mayor obstáculo a nuestro progreso. Uno de los secretos mejor guardados en la vida es cuando los hijos de Dios se deciden, cuando armonizan sus mentes con los deseos de sus corazones, cuando ruegan por que los guíe su intuición y la siguen; entonces nadie ni nada puede detenerlos —no importa del color que sean. Confianza y una mente decidida es la materia de que están hechos los reyes y las reinas.

Yo estoy confiado y poseo todo lo que necesito para triunfar.

Yo he sacado fuerzas de lo que me ha sucedido, de modo que al final ni siquiera la mayor tragedia me ha podido derrotar... las consecuencias trágicas de la vida pueden ser superadas por la fuerza mágica que habita en el corazón humano.

—Rudolph Anaya

●

El miedo, la falta de confianza y la baja autoestima tienden a hacernos sacar conclusiones precipitadas. Si lo que estamos enfrentando es algo por lo que tenemos profundos sentimientos, tenemos una tendencia a esperar lo peor. Perdemos tantas cosas, inclusive oportunidades de cambiar, cuando saltamos desde el medio hasta el final. Olvidamos nuestro enfoque y la meta cuando nos preparamos para el fracaso. Los antiguos africanos sabían que no importe lo que vaya a suceder, no sucederá hasta que no suceda. Por lo tanto, ellos estaban preparados para todas las posibilidades, las buenas y las malas. No te precipites en llegar a conclusiones, pues podrías equivocarte. No te retires en medio del camino, eso es una pérdida total de tiempo. Conserva tu fe, confía y mantente enfocado, da un paso positivo de todos modos. Los antiguos tenían fe y confiaban, sabiendo que el fin es sólo un reflejo del comienzo.

El fin no ha llegado todavía.

Estoy harto de sentirme harto.

—Fannie Lou Hamer

●

Muchos de nosotros creemos que a menos que estemos luchando, no estamos actuando adecuadamente. Batallamos con nuestros pensamientos, nuestros sentimientos, inclusive con otras personas. Luchamos con los problemas financieros, los problemas de familia y los problemas personales. Muchos de nosotros hemos dicho: "¡Estoy cansado de luchar!" Bueno, ¿sabes qué? Cuando tomes la decisión de dejar de luchar, dejarás de hacerlo. Cuando dejas de luchar, las cosas mejorarán. La lucha va contra la corriente. Crea cansancio en la mente y en el cuerpo. Cuando estás cansado, te enfermas. Si te enfermas, debes tomar una decisión y comprometerte a hacer todo lo que esté en tu poder para mejorarte. El poder está en el compromiso de no hacer nunca aquello que te enferma. La clave es la decisión de no cansarte nunca de hacer lo mejor, lo bueno y lo adecuado para ti.

No le doy poder sobre mí a nada.

1 0 d e f e b r e r o

Independientemente de nuestros padres y abuelos, seamos buenos por nuestro propio bien.
—Proverbio puertorriqueño

•

Ella se pasó dos días haciéndose un vestido, se gastó sus últimos $50 en un par de zapatos nuevos. Se fue a la peluquería y a la manicurista, se pasó 45 minutos maquillándose. Cuando llegó al lugar, se pasó la noche entera sentada en una esquina, sonriendo un poco, llorando otro poco. Al exterior se veía bella. Por dentro se sentía sin valor. Tantos de nosotros invertimos una fortuna tratando de lucir bien ante el mundo, y sin embargo por dentro estamos destrozados. Nos las arreglamos para arrastrarnos a lo largo de la vida haciendo y diciendo las cosas correctas, pero cuando estamos solos lloramos silenciosa y desesperadamente. Es hora de parar a y sanar nuestro interior. Llegó la hora de sanar las heridas, reparar los daños, sacarnos los puñales y tirarlos lejos. Es hora de sanar las dudas, responder a las preguntas y dejar ir los temores. Es hora de invertir algún tiempo en lo que está sucediendo por dentro de nosotros. Cuando podamos hacer eso, el exterior brillará.

Yo estoy invirtiendo mi tiempo en algo importante.

Cuando hay ira en tu cabeza, rabia en tu corazón, ¡ése es el momento en que no debes olvidar de moverte!

—Barbara O

●

Muchas personas de color son extremadamente diferentes, maravillosamente creativas y desesperadamente deprimidas. Por alguna razón, todo lo que sabemos, todo lo que somos capaces de hacer y lo que queremos lograr nunca llega a realizarse. Parece que nuestras frustraciones, nuestros retos y nuestros fracasos nos detienen. Esto después nos enoja tanto que nos da ganas de gritar. De lo que no nos damos cuenta es de que la ira es lo que primero nos detiene. No es al revés. Las personas enojadas se estancan. Las personas enojadas se frustran. Las personas con ira ven los desafíos como obstáculos. Las personas enojadas fallan antes de empezar y por eso casi nunca intentan nada. Las personas enojadas se dicen a sí mismas, "Yo no estoy enojado, soy negro. Yo no estoy enojado, soy pobre. Yo no estoy enojado, sino sencillamente cansado." Sin embargo, enterrada debajo de la pobreza y la fatiga está la herida oscura de la ira que debe ser curada. Ira, no depresión. Ira, no alcoholismo. Ira, no hipertensión. Ira, no cáncer. Ira, no apoplejías es lo que no nos permite avanzar, así que lo mejor es gritar y dejar que salga un poco de esa ira.

Yo estoy dispuesto a reconocer y enfrentar la ira cuando la siento.

La ira de la mente es el veneno del cuerpo.

—Proverbio ecuatoriano

●

Hay un dolor colectivo entre las personas de color que ha sido negado, mal entendido o no reconocido. El dolor de nuestro pasado colectivo, el dolor de nuestros padres, el dolor que experimentamos de niños, el dolor que creamos para los demás. Sin que sepa el motivo o la edad de las heridas, nuestro dolor es la fuente de nuestra ira. Sin embargo, nos enseñan que no es "agradable" sentir ira. Nos disuaden de expresar o poner en acción nuestra ira. Inventamos nombrecitos graciosos para las cosas que hacemos para negar que sentimos ira. Cuando no podemos reconocer la ira, ésta rápidamente se convierte en depresión y su peso no nos deja avanzar. Nos roba nuestras ilusiones. Nos quita horas, días y años preciosos. La depresión puede ser calificada de holgazanería, la confusión, la ignorancia o decirse que no es más que nuestra forma de ser. A menudo estas etiquetas nos enojan. La única manera de terminar el ciclo y salirnos de ese tropel de emociones negadas es admitir que estamos enojados e buscar el remedio.

Yo estoy enojado y aún así estoy bien.

No te preocupes, sé feliz.
>   —Bobby McFerrin

•

La preocupación es el vampiro que le chupa a la vida toda su fuerza. La preocupación estanca la mente, crea un desequilibrio en el sistema inmunitario; debilita la garganta, tu centro de poder y autoridad; hace que falle tu habilidad para ver más allá de lo que te preocupa. Nos preocupamos por cosas que no podemos controlar. Nos preocupamos por el pasado y el futuro. Nos preocupamos por aquellas cosas que no podemos hacer o que no hemos hecho y por cómo van a afectar lo que estamos haciendo ahora. Nos preocupamos por lo que no tenemos, por lo que no podemos tener y por las cosas que hemos perdido. La preocupación crea confusión, trastornos e inutilidad. Además, nos preocupamos porque no podemos entender las cosas. Debemos eliminar la tendencia a preocuparnos de si esto va a funcionar. Toma la situación que te produce la preocupación, escríbela breve y concisamente. Coloca el papel sobre el que has escrito en una ventana frente al sol. Comprométete a dejar de preocuparte y seguir adelante. Todos saben que cuando el sol ilumina a un vampiro, éste primero se consume y luego se va para siempre.

Yo estoy libre de toda preocupación.

Ser valiente no es no tener miedo; es tener miedo y seguir luchando.

—Anónimo

●

El miedo a los desafíos que enfrentamos en la vida es muy natural y normal. El miedo nos señala que hay algo que no está bien. El miedo nos dice que nos debemos preparar para algo. El miedo significa que algo de lo que no sabemos nada se precipitará. El miedo al cambio, a lo desconocido, al rechazo, al fracaso y al éxito es como el ladrar de un perro buldog. Para las personas de color, el miedo de que nos muerdan de nuevo nos inmoviliza. Una historia que no ha hecho honor a nuestro sentido de la dignidad y a nuestro valor apoya ese miedo. Lo mejor que podemos hacer al miedo es enfrentarlo. Debemos reconocer la validez de las cosas a las que tememos. Debemos creer que las podemos conquistar. La próxima vez que el perro buldog del miedo te atormente, míra los ojos, ábrele la boca y averigua si tiene colmillos.

Yo no le doy ningún poder al miedo.

Una demora no es una negación.

—Rev. James Cleveland

●

La paciencia es una virtud que no poseen muchas personas. Tenemos muy poca dificultad en identificar lo que queremos y lo que necesitamos. El problema viene cuando esperamos que eso se manifieste. Nos ponemos nerviosos, dudosos, incluso temerosos, cuando no vemos que lo bueno viene hacia nosotros tan pronto como pensábamos que lo haría. A veces hasta nos permitimos creer que alguien o algo puede detenernos o hacer que lo bueno no venga hacia nosotros. Nos preocupamos, nos quejamos y a veces hasta perdemos la esperanza. No podemos ver que nosotros mismos nos ponemos obstáculos. Nos olvidamos del ritmo universal del desarrollo de las cosas y del orden divino. Puede ser que no nos damos cuenta de la forma en que nuestras dudas, miedos y pensamientos negativos sacan de raíz las semillas positivas que sembramos. Sencillamente no entendemos que tenemos ese deseo gracias a que existe la posibilidad de que se cumpla. Debemos entender la virtud de la paciencia porque cada vez que abrimos el horno, corremos el riesgo de hacer que se eche a perder una buena torta.

Yo tengo todo el tiempo del universo.

Preocúpate de mantener tu corazón; pues de él salen todos los asuntos de la vida.

—Proverbios 4:23, 24

•

La reina Maat es la que cuida la puerta del corazón. Se dice que antes de que una persona pueda obtener su paz eterna, su corazón debe estar equilibrado en la pesa de Maat. En una balanza ella colocará tu corazón, la causa detrás de todas tus acciones. En la otra balanza, ella colocará su pluma, que contiene todos los temas de la vida. Si tu corazón inclina la pesa, se te niega un descanso placentero y tu espíritu tendrá que seguir trabajando para purificarse. ¿Qué guardas en tu corazón? El odio, la ira, el miedo, las malas opiniones de los demás, la vergüenza o la culpabilidad van a hacer que la pesa se incline en tu contra. La pluma de Maat contiene la verdad, el honor, la justicia, la armonía, y el amor, las cosas que los antiguos creían que eran las únicas esenciales para una vida larga, próspera y llena de paz. Para pasar por la puerta de Maat, debes buscar y decir la verdad, sin albergar malos pensamientos ni sentimientos, debes honrar lo que hicieron tus predecesores, debes enfrentar con justicia y honestidad todas las situaciones, ser armonioso en todo lo que haces, sin buscar peleas con nadie y extender a los demás sólo tu amor.

Mi corazón es tan ligero como una pluma.

Ya no voy a estudiar más la guerra...
—Canto espiritual afroamericano

●

Por hoy, insistamos en tener la paz, retirando nuestros pensamientos de la guerra. Tenemos una guerra en nuestros corazones, nuestras mentes, nuestros cuerpos y nuestras palabras debido al paso agitado que llevamos. Sin embargo, sólo por hoy entreguemos nuestras armas, insistiendo en que la paz sea la luz y el camino. Dejémonos saber hoy que somos seres espirituales, programados para la paz y el amor. Enseñemos con el ejemplo, demostrando paz en todo lo que digamos y hagamos. Dejémonos saber que no importa lo que otros digan o hagan. Nosotros pensaremos en paz, hablaremos en paz, sabiendo en nuestros corazones que de la paz sólo saldrá paz. Dejémonos saber que nuestro destino es convertirnos en aquello que estudiamos, así que estudiemos paz y amor y verdad. Si nos comprometemos a tener aunque sea un sólo día de paz, nos vamos a sentir tan bien que vamos a querer hacerlo de nuevo.

Soy un guerrero pacífico.

No dejes que nadie te robe el espíritu
—Sinbad

•

Hay momentos en los que nos sentimos enfrentados a una persona determinada. Parecería que nuestras únicas alternativas son enredarnos en la situación o salir de ella. El ego nos dice que debemos probar que tenemos la razón. Si nos vamos, la otra persona ganará. El ego nos impide reconocer que hay otra alternativa. Ante cualquier situación que confrontemos, debemos reconocer nuestro derecho a estar en paz. La necesidad de tener la razón y entrar en discordia comienza desde adentro. Es una necesidad que proviene de sentimientos de impotencia, de falta de valor y de carencia de amor. Se hace presente en la vida en forma de discusiones y confrontaciones. Cuando tenemos paz en nuestros corazones y en nuestras mentes, llevamos paz a nuestras vidas. Cuando la discordia y la falta de armonía se presentan, podemos pararnos firmes frente a ellas. Cuando nos liberamos de la necesidad de probarnos a nosotros mismos, nada ni nadie puede alterar la tranquilidad y la paz de nuestras mentes.

Yo tengo todo el derecho a estar en paz.

El lugar donde te sientes cuando seas viejo, muestra donde te paraste en tu juventud.

—Proverbio yoruba

●

Podemos llegar a preocuparnos tanto con tratar de lograr algo, que no conseguimos lograrlo nunca. Por desgracia, casi sin saberlo, nos agobia la edad y estamos endurecidos por las experiencias, sin habernos dado cuenta de todo el valor de la vida. Queremos tanto. Tratamos de hacer tanto, que parece que nunca llegamos a hacer nada. Los antiguos africanos sabían que lo que hace preciosa a la vida no es la cantidad, sino la calidad. Es nuestra propia responsabilidad establecer las normas de calidad en nuestras vidas. ¿Tenemos paz en nuestras vidas? ¿Tenemos una fuente de alegría en nuestras vidas? ¿Estamos viviendo al nivel de las normas que nos trazamos? ¿Nos hemos trazado normas? ¿Estamos comprometidos a seguir los deseos de nuestro corazón? ¿Estamos realizando nuestros sueños? Debemos decidir lo que queremos mientras el sol de la juventud nos ilumina. Es calidad, no cantidad, lo que trae la sabiduría mientras pasan los años.

Yo dejaré que el sol de la vida brille sobre mí.

Puedes mirar hacia adelante, puedes mirar hacia atrás, lo que está escrito no se puede cambiar.

—*El oráculo de Ifá*

●

No podemos cambiar el color de nuestra piel. Lo que podemos cambiar es cómo nos sentimos con respecto a ella. No podemos cambiar un pasado lleno de dolor. Lo que podemos hacer es cambiar la forma en que nos afecta. No podemos cambiar la forma en que otros se puedan sentir acerca de cómo somos y lo que hemos hecho. Lo que podemos cambiar es la forma en que vemos eso, la forma en que lo usamos y la forma en que otros lo usan para su beneficio o nuestro detrimento. El pasado ya ha sido escrito, pero tenemos el poder para escribir el futuro, basado en quienes somos y en lo que hacemos ahora. Sólo nosotros podemos escribir un futuro basado en autoayuda y respeto. Podemos escribir un futuro basado en lo que hemos creído. Podemos escribir un futuro lleno de fuerza, de paz, de salud y de amor. Todo lo que tenemos que hacer está en el presente.

Yo estoy escogiendo mi futuro basado en lo que hago ahora.

21 de febrero

Las grandes obras están reservadas para los grandes hombres.
—Proverbio mexicano

•

El sendero de la vida está cubierto con los cuerpos de personas llenas de promesa. Gente que prometen, pero a quienes les falta la confianza para actuar. Gente que hacen promesas que no son capaces de cumplir. Gente que prometen hacer mañana lo que podrían hacer hoy. Artistas, atletas, empresarios jóvenes y prometedores que esperan que las promesas se hagan realidad. El prometer sin una meta ni un plan es como una vaca estéril. Tú sabes lo que ella podría hacer si pudiera, pero no puede. Convierte tu promesa en un plan. No hagas promesas para mañana si puedes cumplirlas hoy. Y si alguien te dice que eres una persona prometedora, date cuenta de que no estás haciendo hoy lo suficiente.

Mi vida necesita un plan y no una promesa.

Trata contigo como con un individuo digno de respeto y haz que los demás traten contigo de igual manera.

—Nikki Giovanni

●

Muchos vivimos de día a día sin un verdadero sentido de propósito. Sabemos que queremos más de la vida, pero parece que no podemos señalar exactamente qué es lo que queremos. Creemos que nuestro destino se debe a la falta de una carrera, de dinero o de la libertad para hacer lo que queremos. En realidad, lo que tal vez ansiamos es una misión personal. Cuando tienes una misión, tienes una pasión central que te da visión del futuro. Con esa visión de tu misión, te mueves cómodamente a través de tus metas. Cuando tienes una misión, abrazas totalmente una tarea y permaneces enfocado hasta que la tarea se termine. Cuando tienes una misión, te sientes valioso, digno y respetable. Te las arreglas para mantener alta la cabeza y los demás se dan cuenta. ¿Cuál es tu misión? ¿Es enseñar, curar, pintar, conducir? Tal vez es construir un hombre de nieve, contar legumbres o hacer que los otros mantengan su misión. Respeta tu vida lo bastante como para perseguir una misión que tenga sentido. Respétate lo bastante como para darte algo que hacer.

Yo tengo mi mente puesta en una misión y estoy enfocado en una meta.

Lo único más grande que el mar es el cielo. Lo único más grande
que el cielo es el espíritu del ser humano.

—Anónimo

●

La razón por la que no aclaramos nuestras mentes y nuestras vidas es porque las tenemos atestadas de cosas. Nuestra
mente tiene un parloteo tal que no podemos escucharnos
cuando pensamos. Tenemos tanto equipaje emocional que
no podemos sentir lo que es bueno, lo que es malo, lo que es
correcto o lo que es incorrecto. Queremos tanto, tan rápidamente, que no estamos claros acerca de lo que queremos
hacer primero. Lo primero que tenemos que hacer es aclarar
qué es aquello que queremos. Debemos describirlo, identifi-
carlo, ver que ya lo poseemos. No te detengas a preocuparte
acerca de cómo, pues eso producirá más enredo.
Sencillamente, deséalo y visualízalo tal como lo quieres.
Cuando hagas eso, elimina todo lo que no te está trayendo
aquello que quieres. Elimínalo de tu pensamiento, palabra y
hecho. Elimina personas, si es necesario. Deja de hacer las
cosas que no te van a traer lo que tú quieres. Cuando te sientas cómodo con la energía que has puesto en tu primer deseo,
pasa al siguiente. El truco reside en querer una cosa a la vez.
Enfócate en ella. Concéntrate en ella y déjala ir.

Yo estoy claro en cuanto a lo que quiero.
Yo puedo verlo claramente.

Nunca debes ser tan estúpido como para decir, o tan listo como para admitir, que tú "sabes" de lo que otra persona está hablando. En el momento que haces eso, dejas de aprender.

—Awo Osun Kunle

●

El ego te estimula constantemente a probarte y a probar lo que ya sabes. Cuando estás en la presencia de alguien que quieres impresionar, la reacción automática del ego es "yo sé". Cuando estás en la presencia de alguien que tu ego cree que es más inteligente, más rico, o más experimentado que tú, tu ego te dice, "Sé lo que está pensando de mí." Cuando estás en la presencia de alguien que tu ego cree que no es tan inteligente, rico o experimentado como tú, "yo sé" es la manera de aislarlos de ti. Cuando dices "yo sé" demuestras que no sabes. De cada persona y en cualquier situación, puedes aprender algo valioso.

Yo estoy abierto y dispuesto a aprender.

¡Di tu verdad y dila rápidamente!
—Michael Cornelius

●

Decir lo que realmente piensas, sientes o quieres es a menudo difícil. Por lo general no quieres herir los sentimientos de los demás. Incluso cuando los demás te enfurecen, no quieres enojar a otra persona. La verdad del asunto es que, en algún lugar en lo profundo de ti, tú no crees que tus sentimientos son "correctos" o que tienes el "derecho" de sentirte de la forma en que lo haces. Cuando te agarras a los sentimientos, te pones enfurecido, temeroso y confuso. Cuando no dices lo que piensas vas a tender a chismear, a rebelarte o a traicionarte a ti y a los demás. La única manera de liberarte de la tensión de no decir lo que piensas es decir tu verdad con amor, claridad y convicción. Y decirlo rápidamente con palabras llenas de propósito.

Yo expreso la verdad de mi corazón.

¡Te han hecho trampa! ¡Te han tomado el pelo! ¡Te han engaña-
do! ¡Te han engatusado!

—El-Hajj Malik El-Shabazz (Malcolm X)

•

¡Alguien te ha tomado el pelo! Alguien, en algún lugar, te
hizo creer que había ciertas cosas que no podías hacer debido
a quien tú eras. Otro te dijo que sólo ciertas personas podían
hacer o ser lo que tú querías ser. Y tú no eras una de esas personas. Manipulando engañosamente los hechos, alguien te
hizo creer que tú no tenías lo que se necesitaba, así que se
encargaron ellos del asunto. Alguien te dijo que eras lento u
holgazán; no lo bastante bueno; o arrebatado. ¿Y tú lo
creíste? Te engañaron haciéndote creer lo que ellos querían
que tú creyeras. Ellos sabían quién tú eras y sabían que tú no
tenías la menor idea de eso. ¡Te sacaron la lana delante de tus
ojos, jugaron contigo y tú te lo creíste! ¡La verdad es que
ellos, descaradamente, sin tapujos, te dijeron una mentira!
Ahora, ¿qué tú vas a hacer?

Yo no voy a dejarme engañar otra vez por los viejos trucos.

La garganta puede pagar por lo que diga la lengua.
—Proverbio mexicano

●

Las guerras no comienzan cuando una parte agrede a la otra. Comienzan cuando una parte agrede verbalmente a la otra. Ningún acto de agresión comienza sin palabras. La palabra enciende el mecanismo de la guerra en la mente y el cuerpo. Cuando oímos palabras agresivas, nos sentimos impulsados a responder. Cuando decimos palabras agresivas, alguien avanza sobre nosotros. Un soldado sabio sabe que nunca debe sacar su espada a menos que esté listo, capacitado y dispuesto para entrar en la batalla. Un tonto saca su espada sin un propósito y está propenso a herirse mortalmente a sí mismo.

Mi lengua es mi espada de poder. Yo la uso con sabiduría.

No siempre tienes que tener algo que decir.
—Sammy Davis, Jr.

●

Cada vez que abrimos la boca soltamos una poderosa energía. Si pudiéramos aprender a contener esa energía, podríamos usarla para nutrir nuestros sueños, sanar nuestros cuerpos y alimentar nuestras mentes. Pero siempre tenemos tanto que decir. El hablar sin pensar nos puede desviar de nuestra meta, sacarnos de nuestro centro y matar nuestros sueños. El hablar es algo que debemos aprender a usar, no algo que siempre debemos hacer. El silencio tiene un poder que le da energía a la mente, al cuerpo y al alma. Piensa en el sol, la luna y las estrellas. Todos se ven silenciosos y nunca dejan de hacer su trabajo. Hay sabiduría en el silencio. Piensa en las montañas y en los árboles. Ellos nunca tienen nada que decir, sin embargo cuesta trabajo derribarlos. Hay amor en el silencio. Piensa en el útero. Tiempo, orden y realización perfectos logrados en silencio total. El silencio es un arte, un instrumento del sabio. Cuando perfeccionemos el arte del silencio, lo más seguro es que logremos muchas más cosas.

Hoy practicaré el arte del silencio.

El perro es a veces más listo que el amo.
                                    —Proverbio yoruba

•

La lengua no piensa por sí misma. Como un perro, la lengua sigue a donde la lleva su dueño. Si el dueño guía al perro hacia un lugar peligroso, el perro no va a cuestionar la dirección ni el propósito. Igual sucede con la lengua. A diferencia del perro, sin embargo, la lengua tiene un poder del que el dueño no siempre está consciente. La lengua puede crear. El propósito de la mente le da fuerza a la lengua. El poder de esa fuerza se materializará como una condición física o un estado emocional del dueño. La lengua sabe, aun cuando el dueño lo olvide, que lo que dices es lo que obtienes —quiéraslo o no.

Yo hablo midiendo mis palabras.

Es imposible pretender que no eres heredero de, y por tanto, aunque sea inadecuadamente o con pocas ganas, responsable de, y por, el tiempo y el lugar que te dan vida.

—James Baldwin

●

Todos venimos a esta vida para aprender, reaprender o desaprender algo que necesitamos saber. Por lo difícil que sea de aceptar, nosotros escogemos las circunstancias precisas en las que nacemos. Ya sea pobreza, abandono, abuso, rechazo o enfermedad, nuestro ser más profundo sabe las lecciones que tenemos que aprender. Nuestra mente escoge el camino. Las lecciones de la vida son pocas: paz, libertad, fuerza, justicia, fe y amor. Todas las respuestas que necesitas están enterradas dentro de ti. Aunque sea por un momento, suelta la ira, el miedo, la culpabilidad, la vergüenza y el culpar a los demás. Enfoca toda tu atención en el centro de tu ser y pregúntate: "¿Qué es lo que yo debo aprender?" Mientras más te preguntes, mientras más sincero tu deseo de saber, más rápidamente llegarán las respuestas.

Yo estoy dispuesto a tomar responsabilidad completa por mí mismo.

Señor, hazme sentir tan incómoda para que haga lo que más temo.

—Ruby Dee

●

Cuando llega el momento de crecer, nos sentimos inquietos. Cuando llega el momento de avanzar, nos ponemos tensos. Cuando llega el momento de dejar ir las cosas que sabemos que nos están frenando, nos descontrolamos por completo. Por desgracia, a veces no entendemos lo que estamos sintiendo y lo usamos como una razón para quedarnos donde mismo estamos. Nada nos urge a movernos más rápido que el dolor. La inquietud es dolor. La tensión es dolor. El descontrol es un signo de que el dolor está en camino. Cuando sentimos dolor debemos hacer algo para sentirnos mejor. Y si el remedio viejo no funciona, debemos tratar algo nuevo. Muchas veces nos hemos adaptado para poder estar en una situación determinada. Adaptarnos para quedarnos en el mismo lugar donde estamos es la misma fuente de nuestro dolor. Si nos permitimos a vivir con un malestar constante, sordo, eso significa que no estamos entendiendo el mensaje. Pero puedes estar seguro que todos los malestares sordos a largo plazo se convertirán en un dolor agudo.

El dolor me dice que hay algo que anda mal.

Soy nuevo. La historia me hizo. Mi primer lenguaje fue *spanglish* / Nací en el cruce de caminos / y sigo estando entero.
— Aurora Levin Morales, *Child of the Americas*

●

Estás aprendiendo y creciendo cada momento de cada día. No importa lo que te hayan dicho, tú puedes cambiar, y sí lo haces, con cada nueva experiencia. Cada experiencia aumenta tus capacidades al darte algo nuevo de dónde nutrirte. Cada nueva capacidad que descubres y desarrollas te trae una nueva oportunidad. Mientras tengas la capacidad y la oportunidad, hay para ti una nueva posibilidad de crecer y de aprender algo nuevo. No te atrevas a limitarte solamente a saber o a hacer una sola cosa. Arriésgate usando todo lo que sabes. Acepta todas las invitaciones de hacer algo nuevo y cuando lo hagas, celébralo. Acércate a tus sueños más extraordinarios, quítale las etiquetas a tu mente y da un valiente paso hacia tu grandeza.

Con cada nuevo paso, creo un nuevo yo.

Puede que nuestro trabajo terminará un día, pero nuestra educación, nunca.

—Alejandro Dumas, padre

●

A menos que hagas de cada despertar un proceso de aprendizaje, estás malgastando una gran parte de tu vida. Puedes aprender de las personas que no te gustan igual que de las personas que amas. Puedes aprender de los viejos y de los jóvenes. Puedes aprender más de las cosas que ya conoces y mejorar las cosas en las que eres bueno. Puedes aprender observando, escuchando y sirviendo. Puedes aprender ayudando, completando y perdonando. Nunca abandones el proceso educativo escogiendo y seleccionando de quiénes puedes aprender. Mantén una mente abierta, oídos al acecho y una disponibilidad de aprender con toda la humildad de un estudiante.

Yo estoy aprendiendo un poco más cada día.

La perseverancia mata la presa y se gana la recompensa.
—Proverbio hondureño

●

Si estás enfrentando un desafío en tu vida, antes de preguntarle a alguien lo que debes hacer, recuerda lo que hiciste la última vez. En la vida no hay nada nuevo. Todo ha sido dicho o hecho por ti. Puede que luzca distinto. Puede que haya otras personas involucradas. Hasta puede que lo sientas diferente, pero no lo es. La clave es reconocer la lección. Pregúntate: "¿Qué estoy aprendiendo en esta situación?" ¿Es paciencia? ¿Paz? ¿Perdón? ¿Independencia? ¿Qué estoy sintiendo ahora? ¿Lo he sentido antes? ¿Qué hice entonces? Recuerda, nadie sino tú puede aprender tus lecciones. Y el mejor maestro que jamás tendrás es la experiencia.

Yo tengo una guía divina siempre y sé exactamente qué hacer.

La educación es tu pasaporte al futuro, ya que el mañana le pertenece a la gente que se prepara hoy para él.

—El-Hajj Malik El-Shabazz (Malcolm X)

●

La educación no se limita al aula. Tiene lugar en la cocina, en la esquina, mientras conduces o caminas a un sitio, cuando escuchas o hablas a los demás y en el silencio de tu dormitorio. La educación sale de libros, canciones, niños, viejos, mujeres, hombres. Surge de la victoria, de la tragedia, de la alegría y del sufrimiento. La educación no tiene lugar cuando aprendes algo que antes no sabías. La educación es tu habilidad de usar lo que has aprendido para ser hoy mejor de lo que eras ayer. No importa cuánto sepas o cómo lo aprendas, el objetivo final de la educación es darte "a ti" un mejor conocimiento "de ti mismo".

Yo estoy educando al mundo acerca de mí.

Debes vivir dentro de tu verdad sagrada.
—Proverbio hausa

●

La gran parte de nuestro tiempo, energía y atención se malgasta en tratar de convencer a otras personas sobre cuánto se equivocan acerca de nosotros. Queremos que ellos sepan que no somos unos salvajes ignorantes y holgazanes. Queremos convenzerlos de que lo que se ha dicho no es la verdad. Tratamos de convencerlos de que tenemos una historia válida, una cultura rica y que nuestros antepasados han hecho contribuciones valiosas al desarrollo del mundo. Pasamos tanto tiempo tratando de mostrarles lo que no somos, que perdemos el sentido de quiénes somos realmente. No es nuestra responsabilidad probarle a la gente quiénes somos. Nuestro trabajo y nuestra responsabilidad es "ser". Lo que haces es prueba de lo que eres; manifestación es realización. La gente tiene el derecho de creer lo que prefiera creer. Sólo porque lo piensen, no les da la razón.

Yo soy quien soy.

¡A veces los fuertes también mueren!
—Louis Gossett, Jr.

•

¿Eres tú una de esas personas que siempre están ahí cuando alguien te necesita? Tú sabes qué decir, exactamente qué hacer para convertir la peor situación en un desafío que se puede conquistar. Todo el mundo te viene a ver. Todo el mundo te necesita. Tú eres, después de todo, lo bastante fuerte, lo bastante inteligente, lo bastante resistente como para pasar por todo. Pues bien, ¿a dónde van los fuertes? ¿En quién se recuestan los fuertes? ¿A dónde van los fuertes cuando no se están sintiendo muy fuertes? Cuando te conviertes en el ancla de todo el mundo, ¡tú mismo te quedas a la deriva! La necesidad de ser necesitado, la ilusión de que sin nosotros las cosas no se llevarían a cabo, es en realidad la forma de escapar de nosotros mismos. Los fuertes tienen necesidades. ¡Los fuertes tienen debilidades! A veces esas necesidades son tan profundas y dolorosas que, en vez de enfrentarlas, los fuertes las huyen. Cuando los fuertes se echan el peso del mundo sobre los hombros, inevitablemente se derrumbarán. La pregunta es, ¿quién va a ayudar a los fuertes?

Yo tomo tiempo para mí, para hacer por mí las mismas
cosas que hago por los demás.

Si nos paramos con la frente en alto es porque nos paramos sobre las espaldas de aquellos que llegaron antes que nosotros.
—Proverbio yoruba

●

Aunque sea doloroso de admitirlo, fue necesario que nuestros antepasados murieran como parte de la evolución de la raza. Murieron para que nuestro genio pudiera esparcirse por todo el mundo. Murieron para que su energía pudiera transformarse en la fuerza invisible e intocable que sostiene a la vida del presente. Murieron para que pudiéramos pararnos en un lugar nuevo, hacer nuevas cosas y crear un nuevo orden. Debemos pararnos con la frente en alto sabiendo que el poder, la fuerza y la sabiduría de los antepasados están a la distancia de un aliento. Todo lo que necesitamos ser, hacer, saber, tener, está disponible. Todo lo que tenemos que hacer es pararnos firmes.

Yo estoy parado firmemente sobre una base sólida.

Cuando estés en una situación difícil, lucha duro y no tomes una mala actitud, porque si no, pierdes dos veces.

—Félix Rivera

●

Puedes hacer algo de la misma manera por tanto tiempo que acabas por hacerlo sin pensarlo. Cuando no estás pensando en lo que estás haciendo, puede que no reconozcas los efectos dañinos. Muy a menudo, la costumbre de hacer algo de una manera determinada te impide tener nuevas experiencias. Para poder aprender a crecer y ser feliz, siempre debes buscar lo nuevo. Toma hoy una nueva ruta hacia el trabajo. Almuerza en un nuevo ambiente. Háblale a alguien antes de que te hable a ti, o déjale que te hable primero. Enciende el radio en vez del televisor. Báñate por la mañana en vez de por la noche. Sé consciente de lo que haces, cómo lo haces y ábrete a experiencias nuevas y felices.

Hoy estoy dispuesto a hacerlo de forma diferente.

Hay tres clases de gente en el mundo: aquellos que hacen que las cosas sucedan, aquellos que miran cómo suceden las cosas y aquellos que se preguntan qué fue lo que sucedió.

—Desconocido

●

Estaba pensando en eso, pero... Yo iba a, pero... Yo quisiera pero... Me gustaría poder, pero... Estas son las excusas que nos damos para sentarnos sobre el trasero. Nos decimos que estamos esperando que pase algo. Nos decimos que falta algo. Les decimos a otras personas que lo vamos a hacer, lo que sea, pero nunca lo hacemos. Si crees que lo que necesitas no está allí, encuéntralo. Si no lo puedes encontrar, hazlo. Si no lo puedes hacer, encuentra a alguien que pueda. Si no tienes el dinero para pagar para que lo hagan, haz que lo hagan a crédito. Si no hay nadie a quien pedirle prestado, pídele a alguien que lo pida por ti. Si no tienes crédito, consíguelo. Si no puedes conseguir crédito, sal y haz algo que te pague, de forma que puedas pagar por lo que necesites. No hay "peros" tan grandes que no se puedan quitar. Cuando muevas el "pero" y el trasero, todo lo demás se moverá.

Yo me contaría aquí, pero tengo algo que hacer.

El que vence sus pasiones vence a sus mayores enemigos.
—Proverbio colombiano

•

Hay muchos momentos en la vida en que queremos hacer algo, sabemos que debemos hacerlo, tal vez hasta sepamos qué o cómo hacerlo, pero no lo hacemos. En esos momentos estamos confiados en el cuerpo. Debemos darnos cuenta de que el cuerpo no puede moverse sin el espíritu. El espíritu es la fuerza detrás de todo movimiento. No importa qué situaciones enfrentemos en este mundo, el espíritu está siempre con nosotros. Esa presencia siempre está guiándonos, protegiéndonos, amándonos —para asegurar que hagamos lo mejor. El amor del espíritu nos inspirará y nunca nos abandonará. El espíritu trae conocimiento divino y orden para que podamos expresar fuerza, paz y poder en cada situación. Cuando tenemos miedo o nos sentimos solos, podemos irnos adentro y afirmar el amor del espíritu. Nunca necesitamos confiar solamente en el cuerpo físico, porque siempre estamos en la poderosa presencia del espíritu. Más cercano que el aliento, más cercano que las manos y los pies, el espíritu moverá al cuerpo cuando lo pidamos y obedecerá.

El amor del espíritu interno conquista todo en el exterior.

El que ayuda a todos no ayuda a nadie.

—Proverbio mexicano

•

Si tuvieras que decirle a alguien en diez palabras o menos las cosas que son más importantes para ti en la vida, ¿qué dirías? Sería noble hablar de la liberación de las personas de color, pero ¿cuáles son tus principios? Tal vez defenderías la causa de los niños que pasan hambre o que son víctimas del abuso, pero ¿cuáles son tus principios? ¿La libertad de los prisioneros políticos? ¿Viviendas decentes para las personas pobres? ¿Distribución equitativa de alimentos y recursos naturales? ¿El fin de la guerra y la agresión? ¿O tal vez es la educación? Es bueno, honroso y muy noble tener una causa, pero antes de que puedas hacer eso, debes ser capaz de pararte en firme. En esta vida se pierden más batallas por culpa de soldados cansados que por la falta de una causa. ¿Cuáles son tus principios? ¿Qué tal si hablamos de paz mental, de salud radiante, de la verdad y la honestidad, de un uso viable de los talentos, los dones y las habilidades que te ha dado Dios, o quizás, tan sólo del tradicional amor? Cuando estás parado en firme sobre unos pies cuidados y descansados, obtendrás la victoria en cualquier causa.

Yo soy el principio sobre el que me sostengo.

Dios depende tanto de ti como tú de él.

—Mahalia Jackson

●

Una buena manera de saber si algo está funcionando es realmente verlo funcionar. No importa cuál sea tu filosofía, no importa cuánto creas en ella, si no produce, no vale nada. Con Dios pasa lo mismo. Podemos hablar acerca de él, cantarle, rezarle a él, por él y acerca de él, pero si su gloria no se produce en nuestras vidas. ¿De qué estamos hablando entonces? La única manera de que Dios pueda ser visto es a través de nuestras vidas. Nuestras vidas deben reflejar todas las cosas que decimos que es Dios. Nosotros somos sus manos, sus pies, sus ojos y su voz. Nuestras vidas reflejan quién es y lo que es Dios. ¿Estamos viviendo una vida feliz? ¿Estamos teniendo pensamientos de paz? ¿La única manera que tiene Dios de demostrar quién él es, es que nosotros lo hagamos por él. Debemos demostrar lo que sabemos de Dios en la manera en que pensamos, hablamos, caminamos y vivimos. Dios es la paz. Dios es la fuerza. Dios es la misericordia. Dios es el perdonar. Dios es una vida que lo sabe todo, que lo puede todo, abundante, radiante. Dios es el amor. Conocer a Dios es ser como él. Todo lo demás es una ficción de tu imaginación.

Si quiero saber quién es Dios, me miro a mí mismo.

1 5 de marzo

La verdad es más que un ejercicio mental.
—Thurgood Marshall

●

La mente humana siempre está buscando la verdad. La mente nos guía a través de los libros. Interpreta nuestras experiencias. Su límite depende del grado en que nos hayamos expuesto al mundo. La mente busca encontrar la verdad, sin darse cuenta de que la verdad nunca se ha perdido. Por desgracia, la verdad no puede revelarse en una mente que está ocupada chachareando de asuntos personales. Esa cháchara pone de manifiesto lo que tú piensas que necesitamos o queremos y lo que hablamos. A diferencia de la verdad, tu chachareo mental puede que no tenga nada que ver con la realidad. La única manera de encontrar la verdad es ir a lo profundo del ser y vivir siguiendo esa conciencia y ese conocimiento. La verdad es la realidad de quién tú eres desde dentro hacia fuera, y eso es algo en lo que raras veces pensamos. La verdad es la alegría de vivir, de ser, de tener una conexión con todos y con todo, sin pensamientos, ni malicia, ni condena de ninguna parte de ti. La verdad es el espíritu de la vida.

Yo vivo en lu luz de la verdad.

Si tu filosofía espiritual no te está llevando al estado de la paz, la salud, las riquezas y el amor que tu espíritu desea... necesitas una nueva filosofía espiritual.

—Sun Bear

●

¿Cuál es tu filosofía espiritual? ¿Tu filosofía de vida? ¿Te está llevando a lugares a donde quieres ir? ¿Te está conduciendo a través de los desafíos y los obstáculos que enfrentas? ¿Es tuya tu filosofía espiritual? ¿O alguien te la dio? ¿Está tu filosofía creando las condiciones óptimas en tu vida? Tu filosofía espiritual es el modo en que te acercas a la vida. Es la base sobre la que puedes pararte en cualquier momento, en cualquier situación, sin miedo de caerte o de fallar. Si tu filosofía espiritual da lugar al miedo, a la carencia, al odio, a la intolerancia, a la ira, al dolor o a la vergüenza, puede que haya llegado el momento de cambiarla.

Yo estoy abierto y dispuesto al cambio.

La voz del pueblo es la voz de Dios.
—Proverbio argentino

●

Es poco lo que te pide el Creador. Te pide que busques la verdad y que digas la verdad cuando la encuentres. Te pide que trates a tu hermano como te gustaría que te trataran a ti, perdonando las cosas por las que tú debes ser perdonado. Te pide que honres a tus padres, disciplines y valores a tus hijos, confíes en ti y te honres como una expresión de El. Cuando miras a alguien o a algo como tu sendero hacia Dios, estás caminando hacia tu perdición. "Busca primero el reino y todas las cosas vendrán después." El reino es tu corazón, libre de odio, de avaricia y de lujuria. Para encontrarlo, debes rendir la voluntad y escuchar a la tranquila voz interior.

Yo y Dios somos Uno.

El crecimiento espiritual viene de absorber y digerir la verdad y ponerla en práctica en la vida diaria.

—White Eagle

•

Cuando hay un problema o dolor, tenemos tendencia a ser realmente espirituales. Rezamos, decimos que creemos y por lo general conseguimos el milagro que esperábamos. Luego, volvemos a nuestra humana manera de ser, haciendo las mismas cosas humanas que, precisamente, nos metieron en problemas. Lo que no entendemos es que nuestros problemas en la vida son determinados por nuestra conciencia de la vida. Es sólo en nuestros momentos de desesperación cuando rendimos nuestra humanidad. Nos dirigimos hacia ese poder superior, esa conciencia superior que está siempre dentro de nosotros. Es muy posible para nosotros que podamos vivir siempre en ese lugar elevado. Nos ahorraríamos muchísimo dolor si viviéramos basados en la verdad de que nosotros, como humanos, no podemos lograrlo solos. Sin embargo, nosotros somos la vía a través de nuestra conciencia superior. La conciencia superior nos hace superar el racismo, el sexismo, la enfermedad, la pobreza, el miedo y la confusión. Así que, ¿por qué no la convertimos en nuestra residencia permanente?

Yo vivo, me muevo y tengo gracias a que me rindo a un poder superior.

VERDAD

•

¿Estás viviendo tu verdad? ¿Está basada en tu creencia, en la parte más profunda de tu corazón? Es eso que tú quieres ser, hacer y tener acerca de lo cual hablas muy pocas veces. Es ese lugar sagrado en tu espíritu que te deja saber, no importa qué, que no hay nada malo contigo. ¿Estás viviendo tu verdad? ¿Estás haciendo lo que te trae paz y alegría? ¿Te sonríes a ti mismo frente a las adversidades, creyendo que eres una creación divina de un Padre y una Madre que te aman? ¿Eres hermoso y fuerte? ¿Poderoso y humilde? ¿Comprensivo y misericordioso? ¿Inteligente y fiel? ¿Te sientes protegido y rezas? ¿Es tu verdad evidentemente clara y sencilla? ¿Te hace entender que todo está bien por fuera cuando todo está bien por dentro? ¿Estás viviendo tu verdad todo el día, cada día, cuando otros te dicen que es imposible, impracticable, irrelevante y tonto? ¿Es la verdad de tu ser una expresión de Dios? Si no, ¿estás realmente viviendo?

Hoy yo me rindo a mi verdad y vivo en ella.

20 de marzo

Tener compañeros en nuestros trabajos aligera nuestro esfuerzo.
—Proverbio puertorriqueño

●

En el camino más transitado hacia una aldea estaba sentado un viejo sabio que observaba a un joven tratando de mover unos leños. El joven sudaba, jadeaba y gemía. Le gritó al viejo, "¡Eh! ¿No vas a ayudarme a hacer este trabajo?". El viejo le sonrió y le dijo, "Sí", y sin embargo continuó sentado. Un hombre pasó por su lado y saludó al viejo con una sonrisa. El viejo le preguntó, "Como un favor a un anciano, ¿moverías ese leño?" El hombre accedió, igual que el segundo, el tercero y todos los otros hombres que pasaron, hasta que todos los leños fueron quitados de frente al viejo. El joven vio esto y acusó al viejo de ser holgazán. El hombre sabio sonrió y le contestó: "Si estás en el lugar apropiado, en el momento apropiado, usando todas tus habilidades, el trabajo se hará."

Yo estoy abierto para recibir toda la ayuda que llegue a mí.

Yo lloro con todo mi corazón.

—Salmos 119:145

•

El agua purifica. El agua nutre. El agua es la fuerza sanadora del universo. El agua limpia. El agua suaviza. El agua refresca. Ella contribuye al crecimiento, a la protección y al mantenimiento. El llanto produce agua salada. El llanto purga, protege y expande el espíritu. El llanto es liberación, es limpieza, es expresión. Sin embargo, debemos aprender a llorar con un propósito. ¿Lloras para liberar, purificar, limpiar? ¿Sientes ira, miedo, preocupación o regocijo? Puede que lloremos por una situación específica, pero hay en ella una emoción escondida que realmente necesitamos expresar. Cuando se hace adecuadamente, el llanto trae claridad y sanación al cuerpo y al espíritu. Puede ser una experiencia refrescante, así que hazlo lo más que quieras. El momento en que las lágrimas comienzan a salir, escribe tu propósito.

Cuando lloro con un propósito, se satisfacen mis necesidades.

Dios le pide tres cosas a sus hijos: Haz lo mejor que puedas, donde estés, con lo que tengas, ahora.

—Folklore afroamericano

●

No hay garantías en la vida, pero sí es seguro que vas a cosechar lo que siembras. Si das 100 por ciento de tu atención, tu energía y tu tiempo a algo, eso es exactamente lo que recibirás. Enfocar tu tiempo y tu atención en algo que no puedes hacer y no tienes, asegura que recibirás más de eso mismo. Cuando te concentras en carencia, debilidad, falta y culpa. seguramente que se hacen una realidad. Nadie tiene todo, pero todo el mundo tiene algo. ¡Usa ahora mismo lo que tienes! Usalo sabiamente, libremente, con amor. Dondequiera que estés, usa tu tiempo, tu energía y tus talentos para hacer lo mejor que puedas en el presente. No te pongas a pensar en lo que te falta. No pierdas tiempo en desear qué fuera mejor. Asegúrate de que das todo lo que tienes para garantizar que recibirás todo lo que necesitas.

Yo estoy dando todo de mí en este momento.

Cuando te enfrentas a algo teniendo las bendiciones de tu madre y de Dios, no importa quién se enfrenta a ti.

—Proverbio yoruba

•

Los africanos tienen la costumbre de pedir la bendición de Dios por todo lo que hacen. Nadie que descienda de africanos emprendería una tarea sin la bendición de su madre. Dios y tu madre trabajan juntos. Ellos te crearon. Ellos son tus primeros y eternos maestros. Cuando Dios te bendice con la idea y te da la fuerza para llevarla a cabo, tu madre no puede sino desear lo mejor para ti. Si no puedes pedírsela a tu madre frente a frente, pide la bendición de su espíritu. Cuando ni eso es posible, párate firme y saca tu fuerza de la Madre Tierra, que apoyará tus buenos pasos sin preguntarte nada.

Yo estoy bendecido con la fuerza de Dios y de mi madre.

24 de marzo

No es que yo no crea en Dios, sino que, sencillamente, no confío en sus decisiones.

—Terry McMillan, de *Mama*

●

Hay cincuenta y una maneras de obtener ayuda de Dios: 1) Pídela; 2) Cree; 3) Reconoce la ayuda cuando llegue; 4) Escucha; 5) Obedece; 6) Ama; 7) Elogia; 8) Perdona; 9) Sé real; 10) Busca la verdad; 11) Encárate a ti mismo; 12) Sé honesto; 13) Orden; 14) Comprensión; 15) Silencio; 16) Sencillez; 17) Purifica; 18) Conoce; 19) Gracia; 20) Alegría; 21) Paz; 22) Confianza; 23) Ley natural; 24) Equilibrio; 25) Armonía; 26) Bastarse a sí mismo; 27) Sueño; 28) Autodescubrimiento; 29) Pensamiento correcto; 30) Acción correcta; 31) Reacción correcta; 32) Respiración; 33) Callarse la boca; 34) Mantenerse tranquilo; 35) Sentir; 36) Vivir en el presente; 37) Amigos; 38) Padres; 39) Hijos; 40) Mantenerse abierto; 41) Realización; 42) Relajación; 43) Risa; 44) Paciencia; 45) Dar; 46) Llorar; 47) Crear; 48) No juzgar; 49) Unidad del ser; 50) Fe; 51) Rendirse. Vivir en y por dentro de los caminos de Dios te pone en equilibrio con la sustancia de Dios.

¡La ayuda viene ya!

Siempre está ahí.

•

Cada vez que necesitamos una respuesta, allí la tenemos. No importa cuál sea la situación, nuestro yo superior sabe exactamente qué es lo mejor para nosotros. No es un yo interno político, social o intelectual; es el centro de nuestro ser. No importa cuánto tiempo ha pasado desde que nos comunicamos conscientemente con él, nuestro poder interno permanece firme. A las dos en punto un sábado por la mañana, está allí. En el invierno, el verano, la primavera y en el otoño, tenemos el poder. En el alba o en el ocaso, nos guía y nos protege. Tenemos por dentro una fuente de luz que no tiene horario de nueve a cinco, de lunes a viernes. Trabaja tiempo adicional todo el tiempo. No importa si fuimos a la iglesia el domingo pasado o si no hemos estado en ella desde hace tiempo, si acaso lo hemos hecho. El espíritu interior está ahí para nosotros, siempre. Nosotros sencillamente tenemos que reconocerlo, elogiarlo, agradecerle y saber que ahora todo está bien.

El espíritu es el único poder activo en mi vida.

Cuando Dios quiere, llueve con cada viento.
—Proverbio cubano

●

"Primero la Tierra fue una masa sin forma y vacía..." (Génesis 1:2); hoy es un conglomerado multinacional. Recuerda cuando sentías tu vida era vacía, cuando parecía que no había salida ni manera de avanzar, y entonces, de pronto, se presentó una salida. Acuérdate de cuando sólo te quedaban diez centavos y no sabías de dónde iban a venir los próximos; vinieron de alguna parte. Cuando no sabías qué hacer, los lobos estaban tras de ti y no te quedaba ni una tablita de salvación, de alguna manera te sobrepusiste a eso y viviste para hablar, y hasta para reírte de eso. Puede que creas que lo hiciste tú solo, sin la ayuda de nadie, pero no te diste cuenta de dónde venía la ayuda. Así que la próxima vez que te encuentres en un aprieto, pregunta, ¿quién puede hacer algo de la nada?

Yo sé quién puede satisfacer mis necesidades.

Si siempre haces lo que siempre hiciste, siempre tendrás lo que siempre tuviste.

—Jackie "Moms" Mabley

●

¿Te puedes imaginar que no estuvieras haciendo lo que estás haciendo en tu vida en este momento, sino algo completamente diferente? Algo emocionante, divertido, inclusive arriesgado, como dejar tu trabajo y viajar alrededor del mundo. O trabajar sólo parte del tiempo e ir a la escuela tiempo completo para estudiar exploración submarina o tejido de cestas. O ser dueño de tu propia casa, tu negocio, tu avión o tu yate. Si puedes imaginártelo, ¿por qué no lo estás haciendo? Te diré por qué. Porque en el momento en que lo piensas, piensas en todas las razones por las que no puedes. "¿Cómo voy a pagar mis deudas?" ¿Cómo voy a mantener a mi familia?" "¿De dónde voy a sacar el dinero?" "¿Qué va a decir la gente?" Bueno, hay aquí otra pregunta para ti: ¿Cómo esperas jamás ser feliz o estar en paz si te quedas donde mismo estás? Si no te permites soñar, atreverte, avanzar, subir, ¿cómo vas a saber jamás de lo que eres realmente capaz? Míralo de esta forma: ¿Qué es lo peor que puede pasar? Puede que acabes donde mismo empezaste, haciendo exactamente lo que estás haciendo.

Qué importa, inténtalo de todas formas.

Progreso significa comodidad, alivio, paz, menos lucha y felicidad.

—Sufi Hazarat Inayat Khan

•

¿Cuántas veces has oído a alguien decir, "Así es como yo soy" o "No puedo cambiar." Y qué crees de, "¡Soy así, tómame o déjame!" ¡Cuánto luchamos por agarrarnos a lo que nos limita. No nos damos cuenta de que si nuestra forma de ser funcionara, estaría dando resultados. ¿Es que no podemos ver que aguantando a "lo que yo soy" nos impide darnos cuenta de quiénes somos? Es natural resistir el cambio. Es una locura luchar contra él. Por alguna razón, pensamos que si tenemos que cambiar, debe haber algo que anda mal con nuestra manera de ser. El problema no es de lo malo o lo bueno. El problema es si funciona o no funciona. Todo debe cambiar. Lo bueno siempre puede ser mejor. Lo rápido se hace rapidísimo. Lo grande se hace grandísimo. Cuando hacemos los pequeños ajustes que vemos que se necesitan, ahorramos tiempo y el gasto de una reparación total.

Mira, hago algo nuevo.

El que no mira atrás, llega primero.

—Proverbio cubano

●

Cualquier situación en que te encuentres hoy, tú mente te puso allí. Tus pensamientos dirigen el flujo de actividad hacia y fuera de tu vida. Tu mente puede enfermarte. Tu mente te puede hacer sentir bien. Tu mente puede fortalecer tus relaciones. Tu mente hará huir a todos tus amigos y enamorados. Tu mente te hace saludable. Tu mente te mantendrá sin dinero. Tus pensamientos desordenados crearán confusión. Los pensamientos oscuros eliminarán la luz creativa. Los pensamientos de miedo traerán experiencias negativas. Pensar en enemigos los traerá hasta tu puerta. En todo momento, en toda situación, si no te gusta donde te encuentras, cambia lo que tienes en la mente.

Yo siembro semillas positivas en el terreno fértil de mi mente.

Después que freímos la grasa, vemos lo que queda.
—Proverbio yoruba

●

Leerlo, decirlo, predicarlo o enseñarlo no lo hace funcionar. La única manera de hacerlo es:

1. Comienza desde adentro, pása tiempo tranquilamente solo.
2. Confía en tu cabeza, sigue tu primera idea.
3. No te dejes engañar por las apariencias.
4. Planea rezando; prepara con propósito; procede positivamente; persigue persistentemente.
5. Estáte dispuesto a equivocarte.
6. Sé flexible.
7. Haz lo mejor que puedas, donde estés, con lo que tengas.
8. Prepárate.
9. Ve lo invisible; siente lo intangible; logra lo imposible.
10. Enfocar + Valentía + Disposición de trabajar = Milagros.
11. Ayuda a alguien.
12. Si tienes dudas, *reza*.

Ahora lo tengo.

Al que no habla, Dios no lo escucha.

—Proverbio venezolano

●

Ha llegado el momento en que las personas de color deben admitir el papel que juegan en su propia situación. Hemos desobedecido las leyes de la naturaleza, las tradiciones de nuestros antepasados y la voluntad de Dios. Por miedo, nos hemos permitido quedarnos en situaciones que sabemos que son improductivas; el miedo es el resultado de nuestra desobediencia, de nuestras violaciones de la tradición y de nuestra arrogancia ante las leyes de Dios. Culpamos a los demás por las cosas que no hacemos por nosotros mismos. Nos hemos traicionado mutuamente para adquirir riquezas personales. Nos hemos comportado irresponsablemente hacia nosotros mismos, no hemos rendido cuenta de nuestras acciones, nos hemos faltado el respeto al ser desobedientes y al abandonar la palabra de Dios. ¿Cuál es la voluntad de Dios? Colocar al Creador primero en todo lo que hacemos. ¿Cuál es la ley de Dios? Comportarnos con los demás como quisiéramos que se comportaran con nosotros. ¿Cuál es la palabra de Dios? Ama a tu prójimo como a ti mismo. Si vamos a recuperar nuestra posición en el mundo como una raza orgullosa y poderosa, debemos obedecer las tradiciones de nuestros antepasados y debemos adherirnos a la voluntad, a las leyes y a la palabra de Dios.

Hoy obedezco los preceptos de Dios.

EL MUNDO

Si estás haciendo una sopa, necesitas muchos ingredientes para lograr el sabor adecuado. Cuando sirves la sopa, la gente disfrutará lo que has logrado mezclar. En algunos casos, un ingrediente en particular sobresaldrá, pero no puede sobresalir por sí mismo. Sin las otras cosas que hay en la sopa, ese ingrediente solo sería insuficiente. Nosotros todos somos ingredientes en la sopa de la vida. Contribuimos a que el todo sea bueno y sabroso. A medida que andamos por el mundo, debemos recordar que somos un ingrediente importante. Debemos mezclarnos con todos los demás en nuestro ambiente para obtener la textura y el sabor justos que deseamos en la vida. Si nos esforzamos por sobresalir o no podemos mezclarnos adecuadamente, el sabor de la vida puede alterarse drásticamente.

Mientras puedas encontrar a alguien a quien echarle la culpa por cualquier cosa que tú hagas, no podrás rendir cuentas o ser responsable de tu crecimiento o de la falta de éste.

—Sun Bear

Las personas de color deben dejar de culpar a los demás por su situación presente en el mundo. No podemos olvidar nuestra historia. No podemos olvidar el pasado. Sabemos que hay fuerzas que se oponen a nosotros, pero porque se opongan a nosotros no significa que nos hayan derrotado. Debemos dejar de creer lo que se nos han dicho y lo que se han dicho acerca de nosotros; debemos aceptar responsabilidad completa por cómo somos y lo que somos. Muchas personas de color tienen miedo de ver a las lecciones que debemos aprender del pasado. Si no aprendemos las lecciones, seguiremos repitiendo lo mismo. Hay motivo para que sintamos ira; hay motivo para que tengamos miedo; pero no hay ningún motivo en absoluto para permanecer donde estamos. Cuando queramos alzarnos, lo haremos. Cuando estemos listos para crecer, podremos. Lo único que nos mantiene en nuestro lugar en este momento son las cosas que "nosotros" no hacemos.

Si sigo culpándolos a ellos por lo que me ha sucedido, sólo puedo culparme a mí por lo que me sucederá.

2 de abril

La televisión les dice a los niños en qué lugar de la sociedad se encuentran ellos. Si no sales en la televisión, no eres importante. Y en este momento no somos importantes.

—Ester Rentería

¿Te has preguntado alguna vez por qué los niños no se preocupan por todos los problemas del mundo? Ellos parecen completamente dispuestos a creer que, de alguna manera, de algún modo, todo se arreglará, y en cierta forma para ellos, será así. Los niños no tienen ideales filosóficos, posiciones políticas o principios que mantener. Ellos saben lo que saben, lo aceptan y nunca tratan de convencerte de que lo que ellos saben es la verdad. Los niños piden lo que desean; no aceptan una respuesta negativa; y saben que si tú les dices que no, la abuela por lo general dice que sí. Los niños lo intentarán todo por lo menos una vez. Se dirigirán a cualquier sitio que les parezca seguro. Ellos no se amarran a estilos o imágenes, posiciones o posturas, poder o falta de poder. Sin embargo, nosotros pensamos que los niños, sin nosotros, no saben, no pueden, no deben tener, no pueden ser y no pueden lograr nada. ¿No es una pena que, siendo adultos, no recordamos que siempre somos los niños de Dios?

Hoy soy un niño de nuevo.

El los vivificó y les perdonó sus pecados.
—Colosenses 2:13

Los hombres de la raza negra deben perdonar a las mujeres de su raza por hacer lo que es necesario por la sobrevivencia de esa raza. Aunque pueda parecer que las mujeres se han mostrado insensibles a los hombres y que se han dejado influenciar para alejarse de ellos, en realidad ha sido un problema de hacer lo que era necesario en un momento dado. Nutrir y ayudar es parte de la naturaleza femenina. Si esa ayuda parece que es trabajar en las grandes casas del mundo, aprender a leer e ir a la escuela, dejando que los hombres se ocupen de los niños, eso fue lo necesario en ese momento. Los hombres de la raza negra tienen un recuerdo ancestral de la ira, el resentimiento, la culpabilidad, la vergüenza y el miedo dirigido hacia sus abuelas, sus madres y sus hermanas. ¿Cómo pueden sentirse bien con respecto a sus amantes y sus esposas? Ellos deben perdonar. Los hombres de la raza negra deben perdonar a las mujeres de su raza por las cosas que ellas han dicho y hecho, por las cosas que ellas no dijeron y no hicieron. Los hombres de la raza negra no pueden aceptar a las mujeres de la raza negra con los recuerdos de un yo herido. Primero deben perdonar. Los hombres de la raza negra deben perdonar no por amor a sus mujeres, sino para sanar sus almas.

Hoy veo a todas las mujeres con una mirada llena de perdón.

4 de abril

Las mujeres de la raza negra deben perdonar a los hombres de la raza negra por no haber estado allí para protegerlas.
—Suliman Latif

Grabados en la memoria de nuestro ser están los dolorosos recuerdos del pasado. Esos recuerdos parecen decir hoy: "Los hombres de la raza negra son irresponsables," "Los hombres de la raza negra no son confiables," "Los hombres de la raza negra no sirven para nada." ¿Estamos en realidad hablando de los hombres de la raza negra de hoy? ¿O estamos recordando a los del pasado, que no tenían poder para salvar a nuestras abuelas de las circunstancias que han creado los dolorosos recuerdos? Aunque esos recuerdos sean del pasado, de la semana pasada o de anoche, las mujeres de la raza negra deben perdonar, individual y colectivamente, a los hombres de su raza. Debemos perdonar a nuestros abuelos y hermanos, nuestros esposos y nuestros hijos. Si estamos enojados con un hombre de la raza negra, estamos enojados con todos. Debemos perdonar a los hombres de la raza negra por habernos abandonado; debemos perdonarlos por las excusas que no dieron. Debemos perdonarlos por las cosas que no hicieron. Perdonar es la única manera de liberarnos y de liberar nuestros complementos masculinos de las atrocidades cometidas contra nuestras almas.

Dentro de mí, hay un lugar para el perdón. Hoy lo comparto amorosamente con los hombres de la raza negra.

Nunca sabrás quién eres en el mundo hasta que te conozcas a ti mismo.

—Dr. John Henry Clarke

Somos descendientes de la raza matriz, africanos, transportado a una tierra nueva. Somos afro-americanos, afro-caribeños, afro-latinos y africanos nativos. A lo largo de los últimos veinte años hemos querido abrazar nuestras raíces ancestrales. Eso está bien. No está bien, sin embargo, que sigamos definiendo nuestra "africanía" en conceptos que nos son ajenos. Reclamamos la música, el baile, el arte y la vestimenta. Sin embargo nos incomodamos cuando se trata de discutir el llamado lado desagradable de la Madre Patria — los rituales, el cicatrizarse, el vestir con hojas y pieles de animales, huesos en las narizes, el sacrificio de animales, platos en los labios y tribalismo. Nos alejamos de aquello que hemos llegado a entender que es todavía inaceptable de acuerdo a otros estándares. Debemos estudiarnos a nosotros mismos, por nosotros mismos. Hasta que no llegue ese momento, seguirá siendo difícil, confuso e incómodo aceptar o rechazar el lugar que le decimos "Madre".

De mi oscuridad viene la luz.

La intuición es la facultad espiritual que no explica, sino que sencillamente señala el camino.

—Florence Scovel Shinn

Nia había estado preparada para heredar el libro de la mujer sabia. La anciana era la salvación y la base de toda la aldea. Era sabia. Era querida. Pero se había puesto demasiado vieja para llevar a cabo sus tareas. A cambio de veintidós años de entrenamiento, Nia iba a heredar la llave de la vida de la anciana. La ceremonia fue larga. Había mucha gente. Era una gran responsabilidad. Nia estaba preparada. Estaba ansiosa de comenzar. Ella creía que el libro le revelaría las respuestas a todas las preguntas de la vida. Hicieron falta dos hombres fuertes para llevar el libro hasta su cámara. Cuando lo colocaron sobre su mesa, ella los despidió al instante. El libro era hecho de oro macizo, bordeado de esmeraldas, rubíes y zafiros. En el medio de la cubierta había un diamante de siete quilates. El corazón de Nia saltaba. Su boca estaba seca. Con sus ojos cerrados, acarició la cubierta del libro. Había llegado el momento de abrirlo. Estaba a punto de aprender el secreto de la vida. Miró la página. Nia había heredado un libro de espejos.

El almacén de la abundancia ya me pertenece.

Nuestro mayor problema en la vida viene no tanto de las situaciones que confrontamos como de nuestras dudas acerca de nuestras habilidades para manejarlas.

—Susan Taylor

Es perfectamente lógico indagar cómo se llega cuando se viaja a un lugar nuevo. La cultura y la herencia son instrucciones que te ayudarán a avanzar. Tú tienes una cultura rica y un herencia poderosa. Sin embargo, olvidamos que nuestros antepasados construyeron el mundo, sanaron a los enfermos y educaron a los ignorantes. ¿Por qué debemos olvidar las mentes, los cuerpos y los espíritus africanos del pasado que pavimentaron el camino hacia el presente? Debemos aceptar y entender que ellos no lo hicieron "porque" eran africanos; más bien, eran africanos y sabían cómo serlo. La cultura puede darnos una base tan fuerte como una roca, y sabemos que los africanos sabían muchísimo de rocas. Vamos a apoyarnos en el conocimiento de nuestros antepasados, recordando la herencia de nuestro pueblo, las tradiciones de la familia, y la sabiduría y la fuerza que usaron para poder atravesar los malos tiempos.

Yo sé lo que harían los antepasados.

Cada vez que he tenido la buena suerte de investigar la cultura de alguien he encontrado que "Dios" es la imagen de la gente a quien esa religión pertenece.

—Yosef Ben-Jochannon

¿El Creador, con todo el amor, el poder y la sabiduría del universo, nos habría hecho tan diferentes para luego concebir solamente un camino correcto para llegar a Su reino? No lo creo. Como una expresión del inmenso poder de la más grande energía creativa, nosotros los humanos hemos sido bendecidos con la posibilidad de ofrecer variadas expresiones. Las llamamos raza, cultura, tradición y herencia. En esencia, lo que somos colectivamente es una expresión única de Dios. Nadie mejor que El sabe la belleza que traemos a la vida, y El no puede estar equivocado. A medida que levantemos nuestras cabezas y nuestros corazones para saber, para estar conscientes y entender que todos somos expresiones del Supremo Poder, comenzaremos a reconocer que la belleza de Dios está a nuestra disposición. Nuestro mundo refleja la fuerza de Dios como tradición, el amor de Dios como raza y etnicidad. ¿Quiénes somos nosotros para decidir qué parte de Dios es la mejor?

La fuerza de Dios, su sabiduría, su poder y su amor están siendo expresados a través de mi.

Un hombre fuerte domina a los demás. Un hombre verdaderamente sabio se domina a sí mismo.

—*La sabiduría de los taoístas*

Hay tantas cicatrices dentro de las personas de color, que
es increíble que hayamos sobrevivido. Cicatrices de recuerdos de la niñez. Cicatrices de sueños no realizados. Cicatrices
de palabras, incidentes y nuestras ideas sobre ellos.
Cubrimos las cicatrices con personalidad, costumbres, y a
veces drogas, sexo y alcohol. Llevamos nuestras almas heridas al mundo y pretendemos que no estamos heridos. Sin
embargo, cada vez que confrontamos un evento similar al
que causó las cicatrices, se reabren las heridas. No puede
haber curación en nuestro mundo exterior hasta que no
demos un cuidado intensivo y curemos nuestras heridas inte-
riores. Puede que creamos que no sabemos qué hacer. Lo
sabemos. Primero debemos admitir que las heridas existen.
Debemos estar dispuestos a examinarlas, a tocarlas y expo-
nerlas a nosotros mismos. Entonces debemos vendarlas con
el antiséptico más poderoso que existe —el amor.

Hoy nutriré mis heridas con la luz del amor.

Hasta que te liberes del monstruo final en la selva de tu vida, tu alma no vale nada.

—Rona Barrett

Muchos de nosotros no nos damos cuenta de que tenemos un problema debido a que la manera en que vivimos es un reflejo de la forma en que hemos vivido. Hay hombres que no saben que son abusadores. Hay mujeres que no saben que ellas están siendo víctimas de abuso. Hay gente que no sabe cómo cuidarse. Hay gente que cree que vivir miserablemente está bien. Hay niños que creen que está bien que no les den cariño. Hay gente que no sabe pedir lo que necesita. Hay gente que se cae y nunca trata de levantarse. Hay gente que se levanta pisando a los que se cayeron. Cada uno de nosotros creemos que estamos bien tal como somos, así que no hacemos ningún esfuerzo por mejorar. Si el mundo y la manera en que éste funciona es un reflejo de la gente que vive en él, ¿qué hace falta para que nos demos cuenta de que tenemos mucho trabajo por hacer?

Hoy me examinaré de una manera cuidadosa e intensa.

11 de abril

La familia es el centro mismo de la cultura latina. No creo que los medios de difusión se han dado cuenta de eso. Es lo más fuerte acerca de nosotros y lo más universal.

—Gregory Nava

Si alguna vez dudaste de tu habilidad para sobrevivir, mira a las personas de donde provienes. No te limites a tus padres y tus abuelos, regresa hasta el principio de tus raíces. En la línea de tu familia está el genio de aquellos que nacieron en una tierra baldía y construyeron las pirámides. En el oasis de tu mente está la conciencia de aquellos que hicieron los mapas astrales, siguieron las horas de acuerdo al sol y sembraron siguiendo las fases de la luna. En el centro de tu ser está la fuerza de aquellos que sembraron las cosechas, labraron los campos y se alimentaron con lo que otros botaron. En la luz de tu corazón está el amor de aquellas que llevaron en sus vientres los niños que fueron vendidos y que un día fueron colgados de un árbol. En las células de tu sangre está el recuerdo de aquellos que soportaron la travesía, que fueron vendidos, que encontraron su camino a través del bosque y llevaron su caso a la Corte Suprema. Con todo eso de tu parte, ¿de qué te preocupas?

Yo me muevo con el poder de un pasado poderoso.

Antes que enfrentar lo mal que me siento acerca de mí, me lleno de basuras, me inflo con un sentido falso de poder e importancia.

—Patti Austin

Muchas personas de color creen que les falta algo. Nos han programado para que pensemos así. Nos han enseñado que no lucimos bien. Nos han guiado a la creencia de que carecemos de inteligencia. Estamos educados en un sistema que niega nuestra historia, nuestra cultura y nuestras tradiciones. ¿Cómo esperan que nos sintamos completos? ¡No nos sentimos completos¡ Sin embargo, se espera que nos veamos bien en el exterior. Lo hacemos. Nos vestimos bien para esconder nuestros sentimientos internos de inadecuación. Nos conducen a creer que si tenemos una casa, un auto, unas cuantas joyas y ropa bonita tenemos bastante como para ser importantes. ¡Eso no funciona! Para que las personas de color puedan vivir plenamente en vez de sólamente sobrevivir, florecer en vez de ir tirando, pararse firmes y con orgullo en vez de solamente estar parados, debemos, de forma individual y colectiva, despojarnos de las superficialidades e ir a la raíz —¿cómo se siente realmente ser una persona de color?

Yo estoy en contacto con mis sentimientos acerca de quién soy.

Estas balas están enterradas más profundamente que la lógica /
el racismo no es intelectual / No puedo eliminar estas cicatrices
con la razón... Todos los días me inundan las nociones / de que
ésta no es / mi tierra / y de que ésta es mi tierra. Yo no creo en
la guerra entre las razas / pero en este país / hay guerra.

—Lorna Dee Cervantes

La gente quiere que tú creas que el color no importa. No
debería, pero sí importa. No podemos salirnos del problema
del color. La pregunta es, ¿a quién le importa? ¿Te importa
que vengas de una rica tradición de gente orgullosa que cree
en la autodeterminación? ¿Te importa que tu cultura ancestral esté basada en un espíritu de ayuda y respeto? ¿Te
importa que tu código genético te da la posibilidad de ser un
genio, haciéndote capaz de llegar a la perfección física, intelectual y espiritual? ¿Te importa que seas el depositario de
un legado de logros mundiales? ¿Te importa que tengas el
derecho divino, por virtud de tu color, de glorificar, mag-
nificar y fortificar el legado que has heredado como descen-
diente de los primeros doctores, químicos, agricultores,
astrónomos, astrólogos, artesanos, profesores y maestros
espirituales? ¿O le importa sólo a aquellos que te dicen que
no puedes debido a tu color?

Yo sí importo.

Debes actuar como si fuera imposible fracasar.

—Proverbio ashanti

La verdad es que comenzamos en una posición de éxito. No importa lo que suceda, no importa la apariencia, siempre somos exitosos. La verdad es que tenemos que aprender lecciones a través de nuestras experiencias. Lo que parece ser un fracaso es sencillamente un escalón hacia el logro del éxito. La verdad es que nosotros podemos hacer cualquier cosa en la que pongamos nuestro pensamiento. Lo que parece ser fracaso nos enseña lo que no debemos hacer, lo que no funciona. Nos envía de regreso al aula de clases. Nos hace reenfocar, a hacerlo de nuevo. Todas las circunstancias en el mundo físico están sujetas a cambios. La verdad, sin embargo, es consistente. Nunca cambia. La verdad es que, mientras tengamos aliento, somos uno con Dios. Dios nunca falla. Nuestro trabajo es actuar sabiendo eso.

La victoria es la materia de la que yo estoy hecho.

En un momento de decisión, lo mejor que puedes hacer es lo correcto. Lo peor que puedes hacer es no hacer nada.
—Theodore Roosevelt

Siempre queremos hacer lo correcto, pero hacemos lo incorrecto cuando no tomamos una decisión acerca de lo que vamos a hacer. Las decisiones tienen poder. Las decisiones tienen fuerza. Por lo general nos conducen al lugar exacto donde necesitamos estar, exactamente de la manera en que necesitamos llegar allí. Es el ir hacia atrás y adelante lo que es peligroso. Nos coloca a la merced de los acontecimientos; somos víctimas de las elecciones que la gente hace por nosotros. Como el tiempo y la oportunidad no esperan por nadie, nuestras vidas no se mantendrán inmóviles hasta que hayamos decidido lo que vamos a hacer. La certeza de una decisión está basada en nuestra habilidad de tomar esa decisión. Cuando sopesamos lo que queremos con lo que tendremos que hacer, se puede llegar a una decisión sin mucho esfuerzo. Debemos saber lo que haremos y lo que no haremos; y decidir en armonía con lo que sabemos. La libertad que proviene de tomar una decisión sólo puede venir después de haber tomado la decisión.

Hoy decido ser libre de todas las decisiones.

Tu mundo es tan grande como tú lo hagas.
—Georgia Douglas Johnson

¡Adivina! ¡Tú no eres la peor persona del mundo! Claro que has tomado algunas malas decisiones, has tomado algunos riesgos bastante tontos, has creado algunas situaciones desagradables, pero te das demasiado crédito. Otras personas lo han hecho mucho peor. Además hay personas que nunca le han hecho nada a nadie —jamás. Están tranquilos. La gente no se da cuenta de ellos. Tienen historias y caracteres sin fallos. Pero, ¿sabes qué? Ellos tampoco han hecho nada por ellos mismos. Probablemente ellos se sienten tan, si no más, miserables y confundidos como tú. Piénsalo de esta manera: el futuro será como tú lo hagas hoy. Ya seas uno que hace o que no hace, debes trabajar en tu futuro. Si has formado un enredo, desenrédalo. Si tienes miedo de tomar un riesgo, toma uno de todos modos. Si has hecho cosas que no han funcionado, haz otra cosa. Si no has hecho nada, haz algo. Lo que no hagas puede crear el mismo arrepentimiento que los errores que hagas. A largo plazo, o le sucedes tú a la vida, o ella nunca te sucederá a ti.

Paso a paso, me estoy mejorando.

Cuando el zapato nos queda bien, nos olvidamos del pie.

—*La sabiduría de los taoístas*

Muchos miramos a la vida como si fuera un trabajo. Nos la acercamos y tratamos de manejarla como un trabajo. Nos quejamos de ella. Culpamos a los demás cuando no está funcionando. Consideramos a otro responsable cuando no nos da lo que queremos. Algunos de nosotros nos damos por vencidos con la vida. Nos movemos de día a día, sin un plan, sin objetivos y, a fin de cuentas, sin recompensas. No entendemos que si la vida es trabajo, lo mejor que lo hagamos, mejor nos recompensará. Cuando realizamos nuestras tareas de la mejor manera posible, recibimos recompensas proporcionadas a lo que hacemos. Cuando somos detallistas en nuestro trabajo y ponemos lo mejor de nosotros, nos hacemos más eficientes en él. Cuando nos hacemos demasiado buenos para lo que hacemos, nos colocarán en el lugar que nos corresponde. De lo que debemos darnos cuenta acerca de la vida es que ella no será mejor hasta que nosotros no seamos mejores. No podemos tener más hasta que nosotros no seamos más. Lo único que puede detener nuestro desarrollo en la vida es no estar preparados para avanzar. Si la vida es trabajo, manéjala como una empresa millonaria y nómbrate tú su presidente.

Mientras mejor soy en la vida, mejor se pone.

La vida tiene que ser vivida, ése es todo su secreto.
—Eleanor Roosevelt

Vamos a ser honestos, en realidad no queremos trabajar para mejorar nuestra vida. Trabajar no es fácil. Trabajar cansa. Queremos divertirnos. ¡Queremos jugar! Queremos pasarla bien y tener todas las cosas que deseamos. ¿Por qué no jugar el juego de la vida? Nosotros somos los que tiramos las cartas. Tenemos todas las barajas. En algún momento, alguien nos hizo trampa. Nos dijeron que éramos pobres, inútiles y dependientes. Eso es un peso inútil. Debemos soltarlo para poder ayudarnos con nuestras dos manos. También debemos conocer las reglas. Debemos jugar limpio, jugando con los demás de la misma manera en que quisiéramos que juegen con nosotros. Debemos esperar ganar. Si en algún momento consideramos el fracaso, perdemos. Cuando jugamos, debemos estar atentos a las malas jugadas. Si vemos una, debemos exponerla. No tenemos por qué arreglarla, pero debemos exponerla. La regla final y más importante es que debemos seguir todas las reglas, siempre.

Cuando juego siguiendo las reglas, gano.

El que busca lo malo lo encuentra.

—Proverbio mexicano

¿Qué crees acerca del mundo? ¿Crees que es grande y bello? ¿O que está peligrosamente condenado? ¿Crees que hay gente que está esperando hacerte daño? ¿Qué crees que te harán cuando te agarren? ¿Crees que no puedes porque ellos no te dejarán? ¿Crees que puedes porque nadie te puede detener? ¿Crees en elecciones o en el poder del destino? ¿Crees en el mal? ¿Crees que eres libre? ¿Crees que algún día, de alguna manera, serás lo que quieres ser y estarás donde quieres estar? ¿Crees que alguien tiene más poder que tú? ¿Cuánto poder crees que tienes? Lo que crees se hará realidad ya sea bueno o no tan bueno. Lo que crees acerca del mundo es exactamente lo que experimentarás, porque eso es lo que "tú" traes al mundo.

El mundo, tal como yo lo veo, es un reflejo de mis pensamientos.

El que hace preguntas no se pierde.

—Proverbio akano

Como no queremos parecer estúpidos, desinformados, ni sentirnos menospreciados, no nos gusta preguntar. Por alguna razón, pensamos que se supone que debemos saberlo todo. Cuando no sabemos, no dejamos que nadie lo sepa. Las preguntas no son una señal de la ignorancia. Son una indicación de que estás desarrollando tu visión, refinando tus habilidades, mejorando tus capacidades. Las preguntas indican humildad, disposición de servir, compartir y ayudar. Las preguntas te mantienen al tanto, definen y amplían tus límites y eliminan tus limitaciones. Las preguntas te ponen en contacto y te mantienen en contacto. Las preguntas crean y construyen recursos, tanto naturales como humanos, que pueden ser muy útiles cuando no hay nadie que pueda responder a tus preguntas. Tu ego, esa desagradable vocecita que se preocupa demasiado por lo que piensan los demás, te dirá que no preguntes. Dile al ego que se calle la boca y luego pregunta lo que necesites saber.

¿Quién? ¿Qué? ¿Dónde? ¿Cuándo? ¿Cómo? ¿Por qué?

El precio de la libertad es menor que el precio de la represión.
—W.E.B.Dubois

La represión de tu voluntad y tu deseo son las bases de la tensión. Cuando crees o te llevan a creer que no eres capaz de llevar a cabo los grandes deseos de tu alma, el resultado es esclavitud mental y espiritual. El precio que pagas por tu esclavitud es tu autodignidad, tu autorespeto y tu autoestima. Para ser libre, debes reconocer tu libertad personal como el derecho divino que es. Tú debes estar dispuesto a pararte firme por ti mismo. Cuando lo hagas, debes ser responsable por ti mismo. La libertad es el derecho divino de declarar quién tú eres y de perseguir lo que quieres. Si entregas ese derecho, te reprimes.

Yo soy el único que puede limitarme.

La verdad tiene un extraño modo de caerte atrás, de llegar hasta ti y hacerte escuchar a lo que tiene que decir.
—Sandra Cisneros

Mientras miras a la comunidad, la sociedad, el mundo, probablemente ves muchas cosas que te gustaría cambiar. La injusticia, la desigualdad, el odio y la pobreza probablemente te disgustan. Puede que te enojes por la falta de respeto e insensibilidad hacia la gente y sus necesidades. Quieres expresarte y a veces actuar para que cambien las cosas, pero no te olvides que Dios trabaja desde el interior hacia afuera. Primero debes mirar dentro de ti y eliminar el miedo, la ira y el desequilibrio en tu vida. Entonces y sólo entonces puedes avanzar para crear pacíficamente y poderosamente los cambios que se necesitan en el mundo.

El mundo que deseo comienza dentro de mí.

El que tira agua en un frasco, riega más que la que recoge.
—Proverbio argentino

Cuando miras al mundo, es muy fácil ver lo que no está funcionando para ti. Cuando no se cumplimentan tus necesidades, cuando no se sirve a tus intereses, hay una tendencia a quejarse. Si quien debe servirte, protegerte y guiarte promueve sus propios intereses por encima de los tuyos, tú aprendes a hacer las cosas por ti mismo. No importa la poca experiencia que tengas. Tus intereses te guiarán. No le prestes atención a lo que dicen que tú no puedes hacer. Disponte a aceptar el desafío. No tengas miedo de cuestionar el proceso. Los nuevos sistemas nacen del cuestionamiento de los antiguos. Tómate el tiempo para escaparte a ese tranquilo lugar en el fondo de tu alma y libera tu derecho a decidir lo que es mejor para ti.

Yo soy la fuente de mi propia autoridad.

Los hombres construyen instituciones... de modo que cuatrocientos años después sus descendientes puedan decir, "Esto fue lo que dejó."

—Na'im Akbar

Frederick Douglass nos advirtió hace muchos años que mientras no seamos los beneficiarios directos de los frutos de nuestro trabajo, seguiríamos siendo esclavos. Hay algo insidioso en conformarse con trabajar "por" alguien durante toda la vida. Silenciosamente te dice, "Me necesita." Está grabado en tu conciencia, "No puedes hacer nada sin mí." A largo plazo, crees que "Yo no soy capaz de cuidarme a mí mismo." A largo plazo dejas de tratar. El mundo necesita la clase de instituciones que los hombres de color pueden construir. Ya sea un negocio que administrar, una escuela que necesita maestros, una publicación que necesita distribuirse, una organización que hay que promover o un servicio que hay que llevar a cabo, los hombres quieren más del mundo que un reloj de oro de aniversario y un cariñoso recuerdo.

Yo estoy construyendo algo más que un nidito.

Cortedad de palabras, grandeza de acciones.
—Abdul Baha

¿Qué esperas? Con todo lo que dices que quieres, hay:

Un sueño que realizar;
una meta que ponerte;
un plan que hacer;
un proyecto que comenzar;
una idea que llevar a cabo;
una posibilidad que explorar;
una oportunidad que agarrar;
una decisión que tomar.

Si no, no deberías tener nada de qué hablar.

Hoy voy a ponerme la tarea de decir menos y hacer más.

El hombre preparado tiene ganada la mitad de la batalla.
　　　　　—Proverbio cubano

　Cuando nuestros temores, nuestras debilidades y visiones de la vida están teñidas por una pobre autoestima o una falta de autovalor, estamos limitados. Parecería que tuviéramos un mapa de caminos que no conduce a ninguna parte. De lo que no siempre nos damos cuenta es de que nosotros hemos creado el camino. Es un reflejo de lo que pensamos de nosotros mismos. Medimos el futuro por los errores del pasado. Hacemos acuerdos con nosotros mismos o con los demás, y no los cumplimos. Nos rodeamos de gente y de situaciones que nos degradan, nos devalúan y nos limitan. Entonces nos preguntamos por qué no tenemos confianza. No importa de qué raza seamos o lo que los demás piensen o digan de nosotros, las primeras limitaciones que debemos superar son aquellas que están dentro de nosotros mismos.

Se abren ante mí nuevos patrones de vida.

Yo no podré ganar nada hasta que esté dispuesto a perderlo todo.

—Kennedy Schultz

Por alguna razón, creemos que la lucha es noble. Pensamos que brinda una recompensa especial o que la fuerza divina se pone contenta con nosotros cuando luchamos. La gente que lucha tiene tanto que hacer y decir acerca de las cosas por las cuales están luchando que casi no les queda tiempo para lograr nada. La gente que lucha sabe cómo luchar bien. Saben cómo vestirse, dónde ir y cómo comportarse de una manera que sin duda creará más lucha. La gente que lucha impone condiciones, restricciones y expectativas sobre ellos mismos, porque es más fácil luchar sin hacer nada que sacar y usar la fuerza creativa interior. A la gente que lucha le gusta sacrificarse en el nombre de la lucha. Se sacrifican a sí mismos, a sus familias y, si no te cuidas, te sacrifican a ti. Dios no nos pide que luchemos. Lo que se nos dice es: "Venid a Mí todos los fatigados y os daré descanso."

Yo no voy a luchar más.

No puedes resolver el problema porque no sabes de qué se trata.
—*Un curso en milagros*

¿No te ha parecido alguna vez que tan pronto como resuelves una crisis, surge otra? ¿Y qué dices de la manera en que piensas sobre los desafíos en tu vida? ¿Crees que es el dinero, o la falta de él? Cuando reúnes el dinero, los hijos o tal vez el cónyuge salen con un problema. Tan pronto que ellos se calmen, es el trabajo, o el auto, o las tuberías del sótano. Puedes pasar la mayor parte de tu vida apagando pequeños incendios con tu regadera sin darte cuenta jamás de que hay un tremendo fuego ardiendo en tu vida. A estas alturas ya te debes haber dado cuenta de que no puedes resolver los problemas de tu vida. No importa cuánto trates, no puedes. ¿Quieres saber por qué? Es porque tú piensas que estás en control, cuando en realidad no lo estás. Hay una fuente divina, una fuerza poderosa, un orden perfecto que lo controla todo. Cuando tú lo reconoces, lo aceptas y te rindes a él, no tendrás que luchar para resolver problemas. Ya no habrá problemas.

El universo perfeccionará aquello que me concierne cuando yo entregue el control.

El identificarse con una organización o una causa no es un substituto de la autorrealización.

—Swami Rudrananda

Las personas de color tienen muchas causas para batallar, confrontar y vencer —al menos eso es lo que pensamos. No dejamos de presentarnos causas y de crear organizaciones para arreglarlas; sin embargo, la mayoría dedicamos muy poco tiempo a observarnos a nosotros mismos. A través de la historia ha habido una gran cantidad de fuerzas físicas y espirituales que nos han dejado exhaustos. Sin embargo, cuando nos sentimos exhaustos tratamos de mantenernos ocupados. Encontramos una causa en la que trabajar o un grupo al que unirnos, llevando con nosotros nuestra exhausta y desequilibrada energía. La autorrealización requiere que examinemos todo aquello con lo que nos identificamos para poder entender dónde estamos y cómo nos sentimos respecto al estar allí. Debemos liberarnos de todos los estorbos para poder mirar hacia adentro y descubrir la libertad mental y espiritual que nos pertenece. Cuando estamos libres de identificar las causas y de deberes organizativos, sabremos segura y exactamente quiénes somos y dónde debemos estar. La autorrealización nos coloca de nuevo en contacto con nuestra primera causa, el yo interno.

Cualquier cosa de la que me cuelgue se convertirá en un obstáculo.

Cuando estés en una situación mala, levanta la cabeza y grita, "¡Me voy de aquí!"

—Lynette Harris

¡Me voy de aquí! Realmente es fácil. Llega el momento cuando te cansas de sentir, hacer y lucir mal. Cuando llega ese momento, tienes que continuar instantáneamente. Me voy de aquí es una afirmación. Una declaración de la verdad. Le da poder a tu decisión de no seguir donde estás física-, mental- y emocionalmente. Me voy de aquí le advierte al mundo que tú tienes un compromiso de ser mejor, de hacer mejor, de tener más de lo que tienes ahora. Deudas —¡Me voy de aquí! Haz un presupuesto y un plan de pagos. Adhiérete a él. Enfermedades —¡Me voy de aquí! Toma responsabilidad, no pastillas, para lo que te tiene enfermo. Descubre qué es lo que estás haciendo que no es bueno para ti y páralo. Un trabajo malo —¡Me voy de aquí! Piensa qué es lo que te gusta hacer, lo que quieres hacer y en lo que tienes talento y hazlo. Lucha —¡Me voy de aquí! No te tortures. No te critiques. Sobre todo, no te limites. Recupérate. Trázate un camino y hazte saber —

¡Me voy de aquí!

Porque al que mucho se le da, mucho se le exigirá.
—Lucas 12:48

¿Te has preguntado alguna vez por qué se espera que ciertas personas hagan las cosas un poco más rápido o mejor que todo el mundo? La respuesta es sencilla: porque ellos pueden. ¿Te has preguntado alguna vez por qué se espera que tú hagas lo imposible, que logres lo inalcanzable o que superes lo insuperable? Muy sencillo: porque tú puedes. ¿Has visto cómo puedes mirar a alguien y saber que ellos pueden hacerlo? Bueno, exactamente lo mismo sucede contigo. Por desgracia, no siempre estamos conscientes de lo magníficos que somos. La misma luz que otros ven brillar, nos ciega con respecto a nosotros mismos. Nos conformamos con ser como todo el mundo cuando algo por dentro de nosotros nos dice que no lo somos. Pero nos arrastramos con ira o amargura cuando los demás esperan que nosotros hagamos lo que ellos no pueden hacer. La clave no es hacer lo que otros hacen y dicen; es saber que podemos, creer que podemos y hacer lo que podamos lo mejor posible. Si sabemos qué esperar de nosotros mismos, siempre viviremos al nivel de nuestras mayores expectativas.

Yo estoy esperando de mí tanto como pueda, porque sé que puedo.

Vamos a eliminar el pensamiento negativo.
—Earl Nightingale

Cuando piensas de manera negativa, atraes la negatividad. Así es el poder de la mente. Cuando enfrentas al mundo con pensamientos negativos, tendrás experiencias que confirmarán lo que estás pensando. Del pensamiento a la experiencia, ese es el proceso. No es al revés. Lo que creas que la gente y el mundo están haciéndote en realidad es un reflejo de lo que tus pensamientos están atrayendo hacia ti. Si quieres liberarte de la dureza del mundo, elimina pensamientos duros de tu mente. Limpia la ira con el perdón, la confusión con pensamientos ordenados. Limpia la restricción con una mente abierta, la violencia con pensamientos de paz. Limpia la negación con el aceptar, el odio con pensamientos de amor. Cuando eliminas de los rincones de tu mente lo que no quieres, desaparecerá milagrosamente de tu vida.

Pondré todo mi pensamiento para sacar la negatividad de mi vida.

Ningún hombre puede servir a dos amos... o, le será fiel a uno y despreciará al otro.

—Mateo 6:24

No puedes amar mientras odias, progresar mientras oprimes, sentirte unido en la desunión, construir mientras derribas, unirte mientras te separas, entender mientras no escuchas, dar mientras retienes, crear mientras destruyes, vencer mientras temes. ¡Es sencillamente imposible! Las personas de color deben escoger: o aceptamos lo que creemos que otros nos están haciendo, o lo rechazamos y hacemos algo diferente. Si amamos los unos a los otros como base para nuestro propio progreso, no tenemos que preocuparnos de que otros nos odien o de que nosotros tengamos que odiarlos a ellos. Si trabajamos junto a los demás por el bien de la humanidad, dando lo que podamos para crear lo que deseamos, no nos molestará el que alguien trate de negarnos algo. Si nos sostenemos en la fe de nuestra habilidad para sobrevivir, no importa quién quiera destruirnos. Si nos celebramos, nos apoyamos y nos nutrimos a nosotros mismos, no necesitaremos que nadie más lo haga por nosotros.

Hoy me sentiré una sola cosa a la vez.

No podrás aspirar al cielo hasta que no actúes bien en la tierra.
—Dr. Oscar Lane

Podemos hallar tantas razones para posponer hacer y recibir el bien que nos corresponde:

"No es el momento apropiado."
"Si es para mí, ya me llegará."
"Estoy esperando por una señal."
"Lo haré después."
"Recibiré mi recompensa en el cielo."
"Me imagino que no es para mí."
"Yo de todos modos no lo quería y no lo necesitaba."

Estas son algunas de las maneras en que nos convencemos no seguir nuestros sueños. La creencia en un más allá pavimentado de oro no es razón para que vivamos ahora en la pobreza. "Así en el Cielo como en la Tierra" significa que cualquier cosa que vayamos a tener más tarde, la podemos tener ahora mismo. Si el Cielo es un lugar preparado para reyes y reinas, nosotros debemos hacer nuestro trabajo en la Tierra para que cuando lleguemos allá no parezcamos y actuemos como pordioseros.

No hay razón ninguna para que yo demore el bien que me corresponde.

Una puerta se cierra, pero mil se abren.
—Proverbio argentino

Los humanos son criaturas de costumbres. Hacemos lo que sabemos, lo que nos es cómodo y lo que "creemos" que va a funcionar. Hay, sin embargo, ocasiones cuando "nuestra" manera de hacer las cosas no es "la" manera de llegar a la meta. Cuando tu manera no funciona, no te descorazones. Debes estar dispuesto a tratar otra manera. No te desilusiones cuando alguien dice "no". Estate dispuesto a comenzar desde el principio. Estar dispuesto no significa que te vas a quedar allí. Una puerta cerrada no significa que se prohíbe el paso permanentemente. Es un desafío, un obstáculo, una herramienta para usar. Las llaves de todas las puertas están dentro de ti. Si tienes fe en ti mismo, la práctica y la paciencia te convertirán en un experto cerrajero.

Yo estoy dispuesto a hacerlo por cualquier medio honorable y necesario.

La fe sin esfuerzo no puede ser llamada fe.
—*La nueva biblia abierta*

La fe debe inspirar acción. No puede ser sólamente verbal. La fe mental es insuficiente. Tener fe no es creer, tratar o esperar. Es el conocimiento por medio del cual haces las cosas. La fe desarrolla resistencia para enfrentar los retos de la vida sin sentir la tensión de detenerse. La fe produce hacedores. Los que entienden que a pocas palabras, grandes hechos, representan una medida de la verdadera fe. La fe es obediencia a las necesidades del espíritu, la puerta a través de la cual todas las cosas llegan a hacerse realidad. La fe controla la lengua, alivia la cabeza y aquieta el deseo de quejarse. La fe produce paciencia. Tu vida es la única medida verdadera de tu fe. Tus palabras y tus acciones determinan cuánto se llena tu copa. Si en tu vida hay alguien o algo que no vale la pena, debes preguntarte: "¿A qué le estoy dando mi fe?"

Yo coloco mi fe sólo en esas cosas que me traen el bien.

CONFIA

¿Te has preocupado alguna vez si habrá aire suficiente para que puedas respirar? ¿Cuán a menudo te preguntas lo que harías si la fuerza de gravedad dejara de funcionar? Por alguna razón, nunca te preocupas por los elementos más esenciales que necesitas para mantenerte vivo. Sencillamente confías en que estarán allí, y lo están. Confías en que tu corazón latirá, en que tu sangre fluirá, en que tus pulmones se expandirán y que te mantendrás firmemente parado sobre la Tierra. Confías en que cada órgano dentro de ti hará exactamente lo que debe. Confías en que tu cuerpo te apoyará. ¿Por qué no extiendes esa confianza a todas las áreas de tu vida? Confía en que el universo y el Creador proveerán todo lo que necesites sin que tú tengas que esforzarte. Todo lo que necesitas es pedir y confiar.

Mientras confío, se satisfacen mis necesidades.

Debes comerte el elefante bocado a bocado.
—Proverbio twi

No puedes llegar al final desde el medio. No encontrarás el principio al final. No importa lo que estemos haciendo, es un proceso. Ya sea positiva o negativa la situación, debemos atravesar el proceso. Cuando nos precipitamos hacia adelante saltamos pasos importantes. Si nos impacientamos, podemos pasar por alto detalles. Debemos estar dispuestos a movernos paso a paso, pulgada a pulgada, para llegar al final. No hay manera de acelerar el proceso. Cuando estamos emocionados, queremos ver cómo va a terminar una situación. Cuando la situación es desagradable, queremos que termine rápidamente. Ya sea ansiedad o miedo, la anticipación de beneficios o dolor, no importa lo que hagamos, debemos estar dispuestos a hacerlo paso a paso.

Avanzar una pulgada es fácil, avanzar una yarda es difícil.

Que mi alegría permanezca contigo, y que tu alegría sea total.
—Juan 15:11

Esperar que las cosas sucedan de una manera dada es una buena manera de llegar a la desilusión. Depender de que alguien te haga feliz, te haga sentir bien o te anime el espíritu es una manera segura de aislarte. Cuando tu alegría depende de otras personas y de condiciones, es una alegría limitada. La alegría debe brotar de ti antes de que pueda rodearte. Alegría debe ser la manera en que caminas y la manera en que les hablas a aquellos que vienen hacia ti. Alegría es saber que estás haciendo lo que puedes, lo mejor que puedes, y que te sientes bien respecto a ello. Alegría es saber que el tiempo está de tu parte y que donde quiera que estés tú eres la alegría. La alegría es tomarte un momento para decir gracias, un día para hacer cosas por ti mismo y la energía de compartir lo que tienes. Alegría no es lo que te sucede; es lo que sale de ti cuando estás consciente de la bendición que eres.

Yo soy la fuente de la alegría.

Las manos de la abuela solían advertirnos, niño, no corras tan rápido, puede haber culebras en esa hierba...

—Bill Withers

No podemos adelantar la salida del sol ni pagar para que haya luna llena. El invierno sabe exactamente cuándo convertirse en primavera y nada puede convencer a la yerba para que salga antes de que esté lista. A medida que avanzamos en la vida, debemos aceptar que todo sucederá cuando se supone que suceda. Aceptar eso nos enseñará a ser pacientes. Los días y las noches pasarán volando. Mentes agitadas, personas tensas, van y vienen. Las leyes de la naturaleza no sienten preocupación, ansiedad ni miedo. La naturaleza sabe que el destino se toma su tiempo. La clave de la paciencia es confiar en la presencia interior que sabe exactamente lo que necesitas. Esa presencia interior permite que todo se desarrolle divinamente en el tiempo preciso. Ser paciente y confiar en ti te traerá exactamente lo que deseas, sobre todo si las "grandes" abuelas tienen algo que decir respecto a eso.

Yo espero pacientemente por mi bien.

El espíritu trabaja tiempo completo.

La vida requiere que pasemos parte de nuestro tiempo haciendo ciertas cosas. A veces trabajamos, otras veces vamos a la escuela; somos hijos o padres y amigos parte del tiempo. Un área de la vida que no se puede considerar en base a una media jornada es la vida espiritual. Ser cristiano, budista, mahometano o cualquier otra cosa a media jornada resulta en "una casa dividida contra sí misma", la cual no puede sostenerse. La casa espiritual es la mente y necesita atención constante. La casa se maneja por medio de la convicción espiritual. Cuando tienes una convicción espiritual, te servirá en todas las situaciones, todo el día, cada día, de cualquier manera. El mismo espíritu que guía a tu vida familiar debe también guiar tu vida social. Si te diriges al espíritu por orientación financiera, también debes pedir orientación profesional. Si permites que el espíritu escoja a tus amigos, debes tratar de que también escoja a tu pareja. La espiritualidad a media jornada crea desasosiego interno, indecisión, confusión y estancamiento. Una vez que permitamos que el espíritu trabaje tiempo completo, veremos que la vida es más disfrutable y tranquila que jamás pudimos imaginarnos.

Yo dejo ir mis preocupaciones y permito que el espíritu me guíe todos los días por todos los caminos.

Qué gran idioma tengo, es un bello idioma que heredamos de la tierra de los conquistadores... ellos se llevaron todo y nos dejaron todo... nos dejaron las palabras.

—Pablo Neruda

Cuando estás orgulloso de ti mismo, lo muestras, lo sientes y lo sabes. Brilla en tus ojos, en la forma en que hablas y en la forma en que manifiestas todo tu ser. Estás orgulloso porque pudiste y lo hiciste, puedes y lo harás, no puedes pero lo sabes, y aun así está bien. Cuando estás orgulloso, haces, das y compartes más que tomas, hablas y prometes. El orgullo es servir pacíficamente, compartir con alegría, saber interiormente que hay más por llegar. El orgullo no discute que tiene razón, no empuja para avanzar, no pisotea a otros para llegar y no olvida a los demás cuando llega. El orgullo es amable, calmado y equilibrado. No se vanagloria, no se aterroriza ni se apura. El orgullo es agradable. El orgullo es agradecido, paciente y sereno. El orgullo es seguro. El orgullo es maestría, pero, sobre todo, el orgullo es silencioso.

Yo soy amable, calmada, silenciosamente orgulloso de mí y de lo que soy.

No soy una persona especial. Soy una persona normal que hace cosas especiales.

—Sarah Vaughn

La mayoría de nosotros quiere ser tomado en cuenta, elogiado y recompensado por lo que hacemos. Puede que nunca suceda; sin embargo, eso no significa que lo que hacemos no sea valioso o digno de reconocimiento. Nadie es especial en los ojos de Dios. A todos se nos ha dado la habilidad de hacer. Lo que no se nos ha enseñado es hacer el bien sencillamente por hacerlo, sin perseguir recompensas ni reconocimiento. Cuando haces lo que puedes por el placer de hacerlo, la recompensa es un mejoramiento de las habilidades. Cuando usas lo que sabes hacer y alguien se beneficia, eso es reconocimiento. Todos tenemos una necesidad de ser apreciados por las contribuciones que hacemos en el mundo. Debemos aprender a reconocer nuestro propio valor antes de que el mundo pueda responder a nuestras necesidades. Algunos de nosotros sembraremos la semilla y nunca veremos la planta. Algunos de nosotros cultivaremos la cosecha sin saber quien la sembró. Algunos de nosotros comeremos la planta, pagándole a alguien para que la prepare. Cuando el proceso se ha completado todos seremos recompensados, reconociendo cuán especial ha sido el proceso para todos.

Yo hago mi parte. Soy recompensado cuando los demás hacen la suya.

El ego necesita reconocimiento. El espíritu no necesita darse las gracias a sí mismo.

—Stuart Wilde

El ego quiere que lo noten. Necesita que le den cariño, que lo alienten y lo vean. El ego necesita competir para probar que es mejor. Siente peligro en cada esquina, dificultad en cada reto y problemas viniendo de todo el mundo. El ego nunca puede ser bastante, hacer bastante ni tener bastante. El objetivo del ego es ser apreciado y aprobado, porque, por alguna razón, no se siente cualificado. El espíritu es cualificado por la luz. La luz de la verdad, la paz, la alegría y el amor. No busca condenar, excusar o comprometer lo que él es. El simplemente sabe y lo es. El espíritu hace lo que puede y avanza para hacer otra cosa. No pide premios ni espera recompensas, es sencillamente espíritu siendo espíritu. Uno de los problemas difíciles del mundo es la competencia de los egos. Quieren que los noten y que los aplaudan, y por eso compiten y dominan. Cuando entendemos verdaderamente que somos seres espirituales, ya no tenemos necesidad de reconocimiento. Haremos lo que podemos porque podemos hacerlo por virtud de la luz del espíritu.

Hoy voy a pasar inadvertido.

Con tus manos creas tu éxito, con tus manos destruyes el éxito.
—Proverbio yoruba

La clave del éxito no es lo que haces, sino cómo te sientes acerca de lo que estás haciendo. Es posible tomar una idea sencilla y crear un gran éxito. Pensamos que las personas que logran esto trabajan duro o tienen otros que los ayuden. Creemos que son más inteligentes, más ricos o de alguna manera mejor dotados que nosotros. Lo que no podemos ver y no medimos son las actitudes de la gente acerca de lo que hacen. El éxito comienza con una actitud positiva, que es la cualidad más valiosa que podemos tener. La gente que está en la cima no cayó allí. Ellos estuvieron dispuestos a hacer lo que fuera necesario, subiendo y cayendo, reclamando lo que realmente deseaban y manteniéndose enfocados hasta que lo lograron. El éxito no se compra ni se hereda. Es un resultado de lo que hacemos. El éxito comienza con un sentimiento acertado acerca del punto en que nos encontramos y una actitud positiva acerca de dónde queremos llegar.

Por mi éxito vale la pena hacer el esfuerzo de tener una mente positiva y una sonrisa sincera.

El que tiene malas costumbres las pierde tarde o nunca.
—Proverbio argentino

La vida es:

> *Un misterio, Descúbrelo.*
> *Un viaje, Camínalo.*
> *Dolorosa, Sopórtala.*
> *Hermosa, Contémplala.*
> *Un chiste, Ríete de él.*
> *Una canción, Cántala.*
> *Una flor, Huélela.*
> *Maravillosa, Disfrútala.*
> *Una vela, Enciéndela.*
> *Preciosa, No la malgastes.*
> *Un regalo, Ábrelo.*
> *Amor, Dalo.*
> *Sin límites, Conquístala.*
> *Luz, Brilla en ella.*

Yo soy todo lo que la vida es.

No voy a dejar que nadie me haga sentirme mal...
—Canto espiritual afroamericano

Algunas mañanas nos despertamos sintiéndonos bien, listos para salir y conquistar el mundo y hacer de ése un gran día. Pero otros días nos despertamos viendo todo gris, y todo el mundo luce deprimente. En esos días necesitamos recordar: "Cada día hay que considerarlo como una bendición." Debemos recordar que la actitud con la que recibimos al día dice mucho acerca de cómo será ese día. Hacemos nuestros días agradables o miserables. Si insistimos en ser desagradecidos, irritables y desagradables, lo más probable es que el día nos dará exactamente lo que le damos. Cuando comenzamos el día con un espíritu de alegría, apertura, paz y amor, ponemos al universo en alerta, queremos más de lo mismo. Un día es demasiado valioso para malgastar en miseria o infelicidad. Inclusive la tristeza no puede confrontar un rostro y un corazón felices.

Hoy es un gran día lleno de personas y sucesos
maravillosos.

Examina las etiquetas que te pones a ti mismo. Cada etiqueta es un límite que no te dejarás cruzar.
—Wayne Dyer

Antes que todo, tú eres un ser humano. Eso te da una cierta cantidad de poder. No estás limitado en cómo expresas tu humanidad; estás limitado por las etiquetas que escoges para describirla. Los hombres hacen esto, las mujeres hacen aquello... A los negros les gusta una cosa, a los asiáticos les gusta la otra... Los indios americanos son orgullosos, los latinos son pendencieros. Estos conceptos y etiquetas limitan a la persona y hacen que los demás esperen ciertas cosas de nosotros. Nunca eres demasiado viejo o demasiado joven, demasiado rico o demasiado pobre, demasiado hombre o demasiado mujer para pensar. Tú puedes ser cualquier cosa y todas las cosas que pienses que puedes ser cuando no te haces creer que eres un libro. Debes recordarte constantemente que eres más que un cuerpo. Eres más que una imagen. Eres más que las cosas que te has dicho acerca de ti mismo. Eres un espíritu que se expresa como un ser humano. Y eso, querido, no tiene límites.

Yo soy de una marca de ser humano que no tiene nombre.

Ayuda a tus amigos con las cosas que sabes, porque estas cosas las sabes por la Gracia Divina.

—*Las máximas de Ptahhotpe*

En un momento en que se necesita tan desesperadamente la unidad, la falta en una manera significativa. Malentendimientos acerca de diferencias filosóficas básicas colocan a la gente en polos opuestos. La competencia por recursos que se consideran limitados separa a las personas a lo largo a base de líneas raciales, sociales y sexuales. La necesidad de tener la razón y sentirse apoyado nos separa de aquellos que tienen visiones y opiniones diferentes. Nuestros obstáculos internos y oposiciones externas crean un conflicto debilitante y limita la unión de todas las personas del mundo. Si cada uno de nosotros se tomara el tiempo de examinar sus sentimientos, veríamos que "ellos" también tienen razón. La naturaleza, experiencias y percepciones de los individuos ayudan a moldear sus ideales. Si pudiéramos recordar y respetar este derecho de todos, evitaríamos confrontaciones abiertas. Hay tantas causas y temas en el mundo y tantas maneras de acercarse a ellos, que es poco probable que nos pongamos de acuerdo en una sola manera. La unidad no significa que todos creamos o hagamos lo mismo. Significa que nos pondremos de acuerdo en hacer algo sin luchar sobre cómo y por qué lo haremos.

Todos los caminos conducen al final

Yo me crié en lo que considero no una "olla de culturas", sino un "plato de ensalada". La cebolla siguió siendo cebolla, el tomate siguió siendo tomate, la lechuga siguió siendo lechuga, tal vez con un poquito de aliño ruso o italiano. Y sabía bien. Nadie perdió su identidad, y yo pensaba que así era la vida.

—Edward James Olmos

Espiritualmente, todos somos de la misma familia. Somos madre, padre, hermano, hermana e hijo uno de otro. Como familia espiritual, somos inseparables. Todos respiramos el mismo aire que viene de la misma Fuente; todos estamos conectados a la misma Fuente por el ritmo de la respiración. Igual que una familia, tendremos nuestras diferencias, sin embargo podemos ser diferentes y seguir siendo una familia. Igual que una familia, tendremos nuestros rebeldes y parias, pero aún así debemos incluirlos en el círculo familiar. Igual que una familia se sienta y come junta, debemos asegurarnos de que hay comida para todos. Igual que una familia se reúne y comparte, debemos dejar de alejarnos y de robar de la familia. Puede que la sangre sea más espesa que el agua, pero es el agua de la vida que nos mantendrá conectados. A medida que aprendemos a vernos mutuamente a través de los ojos del espíritu, las diferencias físicas dejarán de importar.

Hoy honraré a todos mis familiares.

Un hombre educado nace dos veces.

> —Proverbio argentino,
> traducido por el Dr. Maulana Karenga

Mientras atravesamos el mar de la vida, encontramos muchos tipos de peces. Los peces de pantano tiran barro para mantenerse ellos mismos limpios. Los pececitos de colores tienen bocas grandes que siempre se están moviendo, pero a éstos siempre se los están comiendo lo peces más grandes. Las barracudas te dan un golpe para sacarte de su camino, se meten en el medio y nunca se van. Las anguilas se deslizan sobre sus vientres, comiendo lo que otros rechazan. No hacen nada por sí mismas y por eso quieren lo que tú tienes. Los cangrejos se mueven de un lado al otro. Hoy están junto a ti, al día siguiente no. Los lenguados tienen ambos ojos en el mismo lado de la cabeza. Sólo pueden ver las cosas de una manera. Los cangrejos de río se mueven hacia atrás. Los caballitos de mar se comen a sus hijos. Las ballenas soplan aire por la parte superior de sus cabezas. Los anglotes flotan sin tener idea de dónde van. Y entonces está el salmón. Ellos siempre nadan hacia arriba; y no importa cuán lejos naden, nunca olvidan cómo regresar a casa.

Yo sé quién soy en el mar de la vida.

Las alas del abejorro son tan finas y su cuerpo tan grande, que no debería poder volar. El único problema es que la abeja no lo sabe.

—David Lindsey

La mayoría de nosotros no sabemos lo que no podemos hacer hasta que alguien nos lo dice. Estamos dispuestos a intentar cualquier cosa, ir a cualquier parte, extendernos hasta el límite en busca de nuestros sueños. Y entonces hablamos con otras personas. Nos recuerdan de cuán peligroso puede ser, de lo ridículo que suena, del riesgo que estamos corriendo. Es fácil para la gente informarnos de todas las desventajas y las trampas; ellos no pueden imaginarse cómo podremos alcanzar la meta. Nos ponen en contacto con nuestras faltas, limitaciones y malas costumbres. Nos recuerdan de todos los demás que no lo lograron, y con vívido detalle nos dicen por qué. Nos dan advertencias, precauciones y sugerencias útiles acerca de otras cosas que podemos hacer. Cuando terminan, nos han hecho abandonar nuestros sueños. Si tenemos un sueño que queremos realizar, la única manera de lograrlo es viviéndolo. Debemos tomar el riesgo y saltar. Si creemos en nosotros mismos y en nuestra habilidad, aprenderemos a volar.

Yo puedo hacerlo porque creo que puedo.

Si me ves, yo te veo, y si me entiendes, yo te entiendo.
—Proverbio boliviano

Nunca le sucede nada a un hueco en la pared. Todo pasa a través de él. Las cosas suceden alrededor de él. Las cosas suceden por encima y por debajo de él, pero el hueco sigue igual. Inclusive si rellenan el hueco, sigue ahí; sin perder su identidad, haciendo lo que fue creado para hacer. Nada se queda trabado en un hueco en la pared. Todo viene hacia dentro del hueco; nada permanece en el hueco; el hueco se define a sí mismo siendo un hueco. Las cosas llegan al hueco en la pared. Luz. Aire. Oscuridad. Sonido. Acepta todo lo que llega a él y deja que todo siga su camino. ¿Cómo definirías un hueco en la pared? ¿Es nada? ¿Es todo? ¿Es algo? ¿Es todas las cosas? Un hueco en la pared no puede ser definido; por lo tanto, no puede ser limitado. No puedes identificar un hueco en la pared; él tiene una identidad propia. ¿Es un hueco grande? ¿Es pequeño? ¿Es negro? ¿Es blanco? La única manera de definir el hueco es basándote en cómo tú lo ves.

Hoy soy un hueco en la pared de la vida.

Debes estructurar tu vida de manera que te acuerdes siempre de quién eres.

—Na'im Akbar

Tu mente subconsciente es un fotógrafo que trabaja veinticuatro horas, captando cada objeto que ves. Es importante para tu salud mental, emocional y espiritual que las cosas que veas creen en tu mente imágenes de quién eres y de lo qué quieres ser. Tu medio ambiente debe reconfirmar tu identidad y las cosas que quieres. ¿Hay paz en tu hogar? ¿Orden? ¿Seguridad? ¿Hay cuadros o artefactos que reflejan las imágenes a cuya altura tu aspiras vivir? ¿Promueve tu creatividad tu ambiente de trabajo? ¿Estimulas las comunicaciones saludables? ¿Luce como un sitio en el que tú quisieras estar? ¿En el que desearías estar? ¿En el que necesitarías estar? ¿Es relajante tu ambiente social? ¿Tienes a tu alrededor la clase de personas que quisieras tener? ¿Te apoyan tu famila y tus amigos y te hacen sentir bienvenidos? ¿Importante? ¿Libre? ¿O te sientes restringido? ¿Oprimido? ¿Improductivo? Sólo puedes alcanzar el nivel de las imágenes que tienes en tu mente. Asegúrate de que lo que ves no te mantiene en un lugar en el que no quieres estar.

Mi mundo promueve mi crecimiento y mi verdadera identidad.

La vida tiene dos reglas: número 1, ¡Nunca te des por vencido!; número 2, Recuerda siempre la regla número 1.
—Duke Ellington

La vida va a ser un desafío. Habrá tiempos malos, situaciones difíciles, situaciones enredadas, grandes obstáculos, sitios espinosos, barreras que saltar, trampas en el camino, puñaladas en la espalda, montañas que subir, cosas a las que sobreponerse, enfrentamientos que resolver, situaciones desagradables que enfrentar, sentimientos que entender, desilusiones que aceptar, misterios que resolver, maravillas que descubrir y promesas que cumplirte a ti mismo. Ahora que sabes qué esperar, prepárate. Estate listo. La única manera de llegar a donde quieres es hacer lo que es necesario hacer para llegar. Hazlo rápidamente. Hazlo lentamente. Hazlo correctamente. Arréglalo. Hazlo a la luz del día. Hazlo a la luz de la luna. Hazlo solo. Hazlo con otros. Hazlo gratis. Haz que te paguen por hacerlo. Hazlo por ti mismo. Hazlo por el mundo. Si te das por vencido de hacerlo, nunca se hará.

Yo estoy haciéndolo y haciéndolo y haciéndolo.

Todo lo que ha sucedido tenía que suceder. Nada que deba suceder puede ser detenido.

—Wayne Dyer

Todo lo que experimentamos, todo lo que pensamos, sentimos y hacemos tiene un orden divino. Es parte del flujo universal que nos ayuda a descubrir quiénes somos. Si nuestros pensamientos y emociones no se manifiestan como acciones, ¿cómo vamos a ver quiénes somos? El mundo no nos sucede a nosotros. Nosotros le sucedemos al mundo. Nosotros le damos forma, lo moldeamos, creando lo bueno y lo malo. Más tarde o más temprano nos cansaremos de lo que estamos haciendo y haremos otra cosa. Cuando nos cansemos del odio, dejaremos de vivir con miedo. Cuando nos cansemos de la injusticia, dejaremos de juzgarnos los unos a los otros. Cuando nos cansemos de la violencia, detendremos la violencia en todos los sentidos. Cuando nos libremos del criticismo, del cinismo y del sentirnos víctimas, viviremos en la verdad, tomaremos responsabilidad por lo que hacemos y dejaremos de culparnos mutuamente. Cuando estemos hartos del caos del mundo, comenzaremos a amar a nuestro prójimo igual que nos amamos a nosotros mismos.

Yo estoy creando un mundo mejor.

Nadie te puede dar sabiduría. Tú debes descubrirla por ti mismo, en un viaje a través de la vida, que nadie puede dar por ti.

—Sun Bear

Hay tantas ciencias y secretos maravillosos en el mundo que podemos usar como herramientas para mejorar nuestras vidas. Algunas de ellas han estado escondidas de nosotros, otras las hemos rechazado claramente. Hemos rechazado nuestras propias tradiciones y nuestra cultura, y sin embargo, sin investigar, hemos aceptado el mundo de otros como el verdadero. Cuando cerramos cualquier porción de nuestra mente, dejamos fuera una parte del mundo. ¿Es el miedo lo que nos mantiene encerrados? ¿Es la desesperanza? ¿O es la terquedad? ¿Cómo pueden los descendientes de los genios cerrarse tanto a la nueva información? ¿Cómo pueden los hijos de la primera civilización estar perdidos y sin esperanzas? ¿Qué será necesario para que abramos nuestros corazones y nuestras mentes al mundo que nos espera? ¿Qué pensarían nuestros antepasados si nos vieran perdidos y pasando trabajo? Incapaces de hacer algo teniendo tanto más de lo que tuvieron ellos.

Hoy me abriré a otra parte del mundo.

Debes estar dispuesto a morir para poder vivir.
—Proverbio yoruba

A la mayoría de nosotros nos han enseñado que la muerte es el último fin. La muerte es aterrorizante; es oscura, es lo desconocido, está más allá de nuestro control. Nos resistimos la muerte; nos defendemos de ella; huimos porque no entendemos que la muerte sólo significa cambio. Cuando los solteros se casan, sus vidas de soltero mueren. A medida que la gente envejece, se van acabando sus días de juventud. La muerte es el prerrequisito del cambio. Cuando nos disponemos a cambiar, aprendemos a aceptar la muerte como un nuevo e importante comienzo. Puede que nunca nos llegue a gustar la idea de la muerte; puede que nunca nos haga sentirnos tranquilos; sin embargo, cuando queremos cambiar algo en la vida, debemos estar dispuestos a enfrentar la muerte.

Yo me muevo tranquilamente a través de la oscuridad hacia la luz del cambio.

Tú debes hacer tu propia investigación independiente de la verdad.

—Enseñanzas del Baha'i

La mayoría de nosotros sólo creemos en lo que podemos ver. Nuestros ojos limitan nuestra percepción y nuestra experiencia de la realidad. Sin embargo, ¿nos damos cuenta de que quien controle lo que vemos o experimentamos puede, de hecho, controlar nuestras percepciones de la realidad? ¿Cómo entonces podemos determinar lo que es verdad y lo que no lo es? Debemos investigar, debemos probar. Debemos preguntar. Debemos buscar. Debemos conocer la verdad de manera intuitiva, manteniendo armonía entre nuestros corazones y nuestras mentes. En el momento en que aceptamos lo que se nos ha dado como verdad, perdemos nuestra realidad consciente. Estamos viviendo a través de la visión de otra persona. ¿Cómo vamos a encontrar paz, armonía del ser, si vivimos a través de las percepciones de otro? No podemos. Ya se trate de religión, carrera, libertad personal o de la vida misma, debemos investigar; debemos buscar. Debemos tantear. Debemos preguntar. Debemos estar a cargo de nuestra propia realidad y conocer nuestra propia verdad.

Yo tengo derecho a saber.

Yo soy el pensador que crea los pensamientos que crean las cosas.

—Dr. Johnnie Coleman

No hay circunstancia más poderosa alrededor tuyo que el poder que llevas por dentro. Tú eres responsable por tu vida a través de tu conciencia. El racismo, el sexismo, la homofobia no tienen ningún poder sobre ti a menos que tú creas que lo tienen. Tus creencias son la influencia más contagiosa que posees. Si crees en circunstancias, éstas pueden derrotarte y lo harán. Si crees en ti mismo, tienes la victoria asegurada. Hay un maravilloso mundo interior funcionando dentro de cada uno de nosotros. Ese mundo no sabe de color, género o edad. Nosotros alimentamos este mundo interior con iniciativa, ingenuidad y una imagen en nuestras mentes. El mundo responde y produce de acuerdo a cómo nosotros lo alimentamos. Si visualizamos pobreza, opresión, fracaso, enfermedad y duda, no podemos esperar disfrutar de riqueza, éxito y salud. Cuando ponemos las fuerzas de nuestro ser interior a trabajar con buenos pensamientos, producirá de acuerdo a nuestro sistema de ideas. Si podemos mantener nuestro mundo interior limpio, fertilizar nuestras mentes con positividad productiva, los poderes que llevamos por dentro crearán, con fuerza dinámica, todo aquello que creemos que es posible.

Hoy alimento mi mundo interior con posibilidades positivas.

La verdad llega a través de la cooperación y el silencio.
—Proverbio ashanti

¿Has oído alguna vez al sol salir por la mañana? ¿Escuchaste anoche salir a la luna? ¿Puedes demostrar el sonido hecho por la fusión del espermatozoide y el óvulo para crear el milagro de la vida? Se nos ha enseñado en esta sociedad que el poder es ruidoso, fuerte, agresivo y algo intimidante. No lo es. El Creador trabaja en silencio. Todas sus creaciones aparecen en silencio. En silencio uno se pone a tono con las energías y las fuerzas que no se ven ni se oyen. En silencio uno aprende a cooperar. Debemos cooperar con el flujo de actividad. En silencio uno aprende a unir la mente y el corazón para moverse con la fortaleza y el poder de las fuerzas en ese flujo. Mantente callado respecto a tus esperanzas y sueños. Coopera contigo mismo haciendo solamente aquellas cosas que los harán posible. Mantente callado acerca de lo que estás haciendo y de cuándo lo estás haciendo. Coopera solamente con aquellos que te ayudarán calladamente. En el silencio de la noche, tu sueño se hará realidad y cuando los habladores vengan a buscarte, ya tú te habrás ido.

El silencio es mi mejor amigo. Yo coopero totalmente en su presencia.

1 de junio

Fuerza contra fuerza equivale a más fuerza.
—Proverbio ashanti

No hay nada más exasperante que estar en la presencia de alguien que dice un insulto racial. Ya sea en forma de chiste, de comentario estúpido o de evidente insulto, la ignorancia no debe pesar sobre ti. El comentario es un reflejo del miedo y la vergüenza. El responder a él significa rendirse ante el miedo y entregar tu poder. Recuerda, crecerá aquello sobre lo que tú enfocas tu mente. Cuando permites dejarte llevar por la ignorancia de otra persona, sin duda dirás o harás algo parecido. Por lo difícil que sea, la mejor respuesta es no dar respuesta. El comentario es tu silencio, el aguijonazo de las palabras seguro que se hace sentir.

Yo estoy en control de mis palabras y mis acciones.

2 *de junio*

Nada llega sin avisar.

—Danny Glover

Cada vez que tenemos un encuentro negativo, nos preguntamos, "¿Cómo pueden hacerme esto a mí?" La razón es: porque tú lo permites. La naturaleza humana básica nos hace ver a la gente y a las situaciones de la manera que queremos que ellas sean, no de la manera que son. Dejamos que los demás se aprovechen, manipulen y, en algunos casos, abusen de nosotros, porque no queremos "creer" que lo que nuestros sentidos nos dicen es verdad. Escuchamos las mismas frases, aceptamos las mismas promesas falsas, los seguimos por el mismo camino con la esperanza de que hayan "cambiado". Escuchamos lo que dicen y oímos algo diferente. Vemos lo que hacen y desviamos la mirada. Cuando se derrumba el edificio, culpamos rápidamente a la otra persona por nuestro dolor. Desviamos nuestra ira hacia ellos en vez de aceptar nuestra responsabilidad por el papel que jugamos. Hay tres claves para tener relaciones exitosas: nunca hagas a nadie responsable por tu felicidad; confía en lo que sientes, ve y dice tu ser interior; y presta mucha atención a las señales de advertencia.

Yo escucho lo que se dice, no lo que yo oigo

El éxito no tiene misterio. ¡Es sólo mucho trabajo!
—Oscar de la Renta

Para cualquiera que alguna vez ha dicho, "Tengo tan mala suerte." A aquellos que alguna vez han preguntado, "¿Por qué me pasan siempre estas cosas a mí?" Para cualquiera que se ha atrevido a decir, "¡Me doy por vencido!" Toma un lápiz, un pedazo de papel y escribe esto: Lo que pides, lo obtienes. Lo que ves, lo eres. Lo que das, lo recibes, algún día, de alguna manera, más temprano o más tarde. La mala suerte no existe. Los antiguos africanos decían, "Con tus propias manos creas tu éxito. Con tus propias manos lo destruyes." Decimos que las cosas vuelven. Hacemos cosas que sabemos que no son buenas para nosotros. Pensamos cosas que crean situaciones que no deseamos. La única manera de crear éxito o suerte es pensar, hablar y actuar en formas que nos ayuden.

Yo hago mi propia suerte.

La cosas no pasan sencillamente, sino que pasan porque tienen que pasar.

—Dr. Johnnie Coleman

Cuando enfrentamos desilusiones, retos y obstáculos, lo primero que preguntamos es, "¿Por qué yo?" No siempre nos damos cuenta de que las cosas nos suceden de acuerdo a nuestras palabras, acciones y pensamientos básicos. Inclusive cuando trabajamos arduamente para mantenernos en un estado mental positivo, las cosas suceden. Cuando ocurren éxitos que no esperamos, ellos aumentan nuestra fe, refuerzan nuestra habilidad para soportar y traen a la luz nuestros talentos, nuestras habilidades y nuestras fuerza escondidas. ¿Por qué yo? Como diría Les Brown, "¿Por qué no tú? ¿Quisieras recomendar a otra persona?" ¿Por qué tú? Porque tú puedes manejarlo. Porque tú sí sabes qué hacer. Porque de vez en cuando necesitas un empujoncito para mantenerte o para ponerte de nuevo en el camino correcto. Así que la próxima vez que algo te suceda, recuerda que las cosas no suceden sin razón. Ellas suceden de la manera en que deben suceder, en el momento preciso, a la gente precisa. Nuestro trabajo es saber que estamos equipados para manejarlas.

El orden divino prevalece en mi mente y en mi vida, aquí mismo, ahora mismo.

Una nueva vida saldrá de las entrañas de la oscuridad.
—Na'im Akbar

Cada nueva situación que enfrentamos en la vida nos lleva de nuevo a las entrañas de la oscuridad. Como un embrión, debemos pasar por cambios para poder completarnos y ser saludables. Puede que nos sintamos solos, confundidos o aterrorizados. En realidad, estamos creciendo, desarrollándo, evolucionando. En las entrañas de lo nuevo, aprendemos lo que podemos y lo que no podemos hacer, dado el espacio en que estamos. Sin embargo, debemos continuar estirándonos y flexionándonos mientras crecemos. Llegamos a reconocer nuestras limitaciones sabiendo que son temporales. Con el tiempo habrá una salida. En las entrañas somos alimentados, nutridos y protegidos por una fuerza invisible y desconocida. Recibimos el cuidado y la vigilancia de nuestros ancestros. Ellos saben qué es lo que debemos hacer. Las entrañas son el lugar donde las personas que aún no conocemos nos dan fuerza y nos preparan. Ellos están esperando por que nazcamos y compartamos con ellos todas las cosas que aprendimos en las entrañas.

De esta nueva oscuridad, saldrá una luz.

No des a los perros las cosas sagradas. Ni tires tus perlas a los cerdos.

—Mateo 7:6

¿Debemos ponernos nuestras mejores ropas para ir a una lucha en el lodo? ¿Por qué entonces seguimos colocándonos en trabajos, situaciones y relaciones que arruinan nuestra paz, nuestra salud y nuestra autoestima? ¿Debemos dejar nuestra más valiosa posesión en un lugar público sin vigilarlo? ¿Por qué entonces colocamos nuestras mentes y nuestros cuerpos al alcance de aquellas personas y situaciones que, históricamente, han demostrado abuso o abandono? Somos, para nosotros mismos, la posesión más valiosa que tenemos. Sin embargo, malgastamos nuestro tiempo, nuestra energía y a veces nuestras vidas en situaciones indignas entre gente indigna. Debemos valorar nuestras ideas, nuestra energía, nuestro tiempo y nuestra vida en un grado tan infinito que no estemos dispuestos a malgastar lo que somos. Si nos ponemos lo mejor que tenemos y vamos a una lucha en el lodo, debemos esperar ensuciarnos. Si metemos la cabeza en la boca del león, debemos esperar que nos comerán.

Yo soy muy valioso para mí mismo.

Si estás en un camino que no va a ninguna parte, encuentra otro camino.

—Proverbio ashanti

Cuando estamos siguiendo las enseñanzas o las filosofías equivocadas, no avanzamos. No evolucionamos. Nos parece que la vida no tiene sentido. Vemos a la misma gente haciendo y diciendo lo mismo. Puede que todos estemos de acuerdo, pero aún así no estamos creciendo. Puede que sepamos que hay algo mejor, en alguna parte. Puede que queramos o necesitemos más. Pero debido a que no sabemos exactamente que es "eso", nos quedamos atado a lo familiar. ¿Será posible que ya sea tiempo de avanzar? ¿De cambiar las velocidades? ¿De volver a las primeras enseñanzas? ¿De abrir nuestras mentes? ¿De intentar algo nuevo? Bueno, nunca vamos a saberlo hasta que no tratemos. La única manera de estar realmente seguros de que estamos en el camino correcto es salirnos del carril por un momento y ver qué nueva dirección nos atrae.

Yo estoy dispuesto a hacer un cambio.

Estoy agradecido por las adversidades que han cruzado mi camino y me enseñaron tolerancia, perseverancia, autocontrol y algunas otras virtudes que nunca habría conocido.

—Anónimo

Cuando enfrentamos un problema, parecemos ser listos, capaces y dispuestos a luchar. Sin embargo, a veces entramos en la batalla sin tener una idea precisa de la meta. La mejor manera de asegurar que logremos vencer en la batalla es enfocarnos en el objetivo, no en la guerra. El enfocarse cristaliza y dirige la poderosa energía de la mente. Enfocarse galvaniza la energía mental, emocional y física a un grado tan exacto que nuestros esfuerzos no pueden fallar. Cuando nos enfocamos en la meta y no en los obstáculos que pueden sobrevenir y que sobrevienen, aseguramos la victoria. No debemos gastar nuestras energías preocupándonos acerca de lo que el "enemigo" pueda estar haciendo. Como los poderosos ashantis, si enfocamos nuestros pensamientos, damos nuestros pasos con confianza y avanzamos, puede que tropecemos, pero no podemos fallar. El enfocarse le da al alce su gracia. El enfocarse le da a la gacela su velocidad. El enfocarse les da a los ashantis fuerza y una tradición de guerreros invictos.

Yo permanezco enfocado en la meta, inclusive en el medio de la batalla.

9 de junio

Si la lluvia no cae, el maíz no crece.
—Proverbio yoruba

Cualquier campesino sabe que se necesita un aguacero bueno y poderoso para obtener una cosecha saludable. El fortalecerá las raíces, engordará los tallos y producirá un cultivo saludable. Un campesino responsable se prepara para la lluvia. Prepara el campo quitando todos lo que sobraba de las cosechas pasadas. Irriga el campo para que el agua de lluvia pueda correr. Cuidadosamente vigila sus cultivos para mantener lejos los insectos y a las aves. A través de todo eso, él tiene fe en su habilidad como campesino que sabe que está haciendo todo lo que puede. Nuestras vidas son muy parecidas a un campo de maíz, nuestros desafíos son la lluvia. No nos importa sembrar las semillas, trabajar los campos o planear la cosecha, pero tenemos tendencia a quejarnos de la lluvia. Si enfocamos nuestras mentes en los objetivos, nos estamos poniendo nuestras capas de agua y nuestras botas. Si eliminamos nuestras emociones negativas, estamos protegidos por una sombrilla de fuerza. Si mantenemos la fe en nosotros mismos sin tener en cuenta lo que otros digan, tenemos todo lo que necesitamos para enfrentar la tormenta.

La cosecha que recojo se mide por las actitudes que cultivo.

Si te caes, cáete de espaldas. Si puedes mirar hacia arriba, puedes levantarte.

—Les Brown

¿Cuándo fue la última vez que viste a un bebé aprendiendo a caminar? Ellos dan algunos pasitos y se caen. Luego se levantan y tratan otra vez. A veces se van de cabeza, se lastiman los labios o les caen cosas en la cabeza. No importa. Ellos se siguen cayendo y levantando, hasta que un día atraviesan la habitación. ¿Cuándo fue que perdimos esa fiera tenacidad para triunfar por encima de todo? La mayoría de nosotros nos consideramos mucho más capaces que un bebé sin dientes, sin embargo, parece que ellos tienen algo que nosotros no tenemos. El bebé parece saber que no hay nada malo en caerse. Ellos siempre están dispuestos a caerse, levantarse y tratar otra vez. Un bebé que tropieza no siempre se cae. En realidad, cuando tropiezan avanzan más rápido. Un bebé se agarrará de cualquiera o de cualquier cosa hasta que recupere el equilibrio. Cuando lo logran, se sueltan y siguen. No parece que les importe lo raros que luzcan, si la gente se ríe o no de ellos, o cuántas veces se caen. Lo hacen una y otra vez hasta que lo hacen bien. ¿No es curioso que los que sabemos caminar siempre tengamos miedo de caernos?

Yo estoy dispuesto a hacer lo que sea necesario.

Ser quien eres y llegar a ser lo que eres capaz de ser es la única meta que vale la pena vivir.

—Alvin Ailey

La vida no es saltar de la cima de una montaña a otra, porque hay valles en el medio. A veces, el valle es un trabajo que odias, pero que necesitas para mantener a la familia. El valle puede ser una relación enfermiza o que está fracasando. El valle pudiera ser un hijo que se va por mal camino o un amigo que nos traiciona. El valle pudiera ser una enfermedad o la muerte de alguien querido. El valle es oscuro, desolado, feo y aterrorizante. Pero hay un valor en el valle. Cuando estás en el valle, comienzas a reunir la fuerza y el poder que están profundamente ocultos dentro de ti. En el valle comienzas a pensar, a rezar y a explorar tu ser increíblemente divino. El valle te da un momento para descansar, para sanarte, para rejuvenecer. Es una oportunidad para alzar la mirada, mirar y recordar a esos poderosos alpinistas que lo lograron antes que tú: tu abuela, tu héroe, inclusive tú mismo. Tú has estado en el valle antes. Recuerda lo que hiciste, cómo te levantaste y saliste de él. Deja que los pensamientos y los recuerdos de ese éxito sean la cuerda que uses para sacarte de él.

Yo estoy tomando tiempo para aprender el valor del valle.

La mayoría de la gente cree que ellos tienen la respuesta. Yo estoy dispuesto a admitir que yo ni siquiera sé la pregunta.

—Arsenio Hall

La vida es una serie de misterios que debemos develar a nuestro propio paso. Nuestra tarea no es resolver los misterios, sino usarlos a lo largo del camino. Nadie puede decirnos que algo es bueno para nosotros tan sólo porque funcionó para ellos. Si dejamos que alguien nos dé nuestras respuestas, creamos un profundo conflicto interno. A veces se hace confuso tratar de imaginarse qué hacer. Si la confusión está en el interior, ¡la respuesta también está allí! Ningún ser humano tiene todas las respuestas. Si las tuvieran no estarían aquí. Uno de los grandes misterios que debemos develar es nuestro propósito, porque eso nos aclara las cosas. Tomémonos más tiempo para escuchar nuestros corazones, para seleccionar las ofertas que nos llegan. No estemos tan dispuestos a decir "Yo sé" cuando no tenemos idea de dónde comenzar. Sepamos en lo profundo de nuestros corazones que Dios nos ama y usemos este conocimiento a lo largo del camino. Acerquémonos al gran misterio del significado de la vida sin hablar tanto.

Yo estoy caminando hacia el conocimiento.

El poder no da nada sin pedir pedir algo.
—Frederick Douglass

¿Te has fijado en lo mucho que parecen durar las épocas malas? ¿Y no te parece que los días lluviosos no se acabarán nunca? ¿Parecen multiplicarse rápidamente las dificultades de la vida? Cuando las épocas malas, las dificultades o los días lluviosos aparecen, ¿les das toda tu atención? Si eres como la mayoría de nosotros, probablemente lo haces. Y como la mayoría, le das poder a la dificultad. Nada es lo que parece ser. Lo que luce malo hoy, puede ser una bendición mañana. Los desafíos llegan de manera que podamos crecer y estar preparados para las cosas que no podemos manejar hoy. Cuando enfrentamos nuestros desafíos con fe, preparados para aprender, dispuestos a hacer cambios y, si es necesario, soltar, estamos exigiendo que nuestro poder nos sea devuelto.

Mi disposición de crecer es mi demanda de poder.

Predice hoy las alternativas de tu vida.

Planea. ¿Tienes un plan? ¿Cuál es tu plan? ¿No has llevado a cabo tu plan? ¿Puedes llevar a cabo el plan? Si no tienes un plan, ¿qué planeas hacer? La vida es demasiado preciosa para malgastar tiempo en preguntarse y preocuparse. Tú puedes predecir ahora las alternativas de tu vida, si te tomas el tiempo de planear. Planea que tus momentos sean alegres. Planea que tus horas sean productivas. Planea que tus días sean tranquilos. Planea que tus semanas sean educativas. Planea que tus meses estén llenos de amor. Planea que tus años tengan propósito. Planea que tu vida sea una experiencia de crecimiento. Planea cambiar. Planea crecer. Planea pasar momentos tranquilos sin hacer absolutamente nada. Planear es la única manera de mantenerte en el camino correcto. Y cuando sepas dónde vas, el universo va a abrir un camino para ti.

Yo planeo ser todo lo que soy.

Tan pronto suceda la curación, sale y cura a alguien.
—Maya Angelou

Ningún hombre es libre hasta que todos los hombres sean libres. Ninguna mujer ha sanado de sus heridas hasta que todas las mujeres hayan sanado de sus heridas. Estos son más que frases profundas dignas de meditación. Estas son las claves de la responsabilidad moral que todos tenemos hacia los demás. Muchos de nosotros nos agarramos a nuestro dolor, temerosos de revelarlo. Avergonzados de admitirlo. Otros no dan información que puede sanar porque pensamos que es nuestra propiedad. Puede que luchemos por la libertad de las personas de color, pero no decimos nada cuando se oprime a los homosexuales o a las mujeres. Es un deber para con nosotros mismos y para con los demás asegurarnos de que todas las personas vivan libres y sin dolor. Es nuestra tarea compartir lo que sabemos si eso nos ha ayudado a salir de alguna situación de oscuridad en la vida. Podemos hablarlo o escribirlo, pero debemos ofrecerselo a aquellos que lo necesitan. Podemos ayudar a alguien y estimular a otra persona a que dé los pasos o emprenda el camino para su curación. Debemos pensar acerca de dónde estaríamos si no hubiera libros ni personas que nos guiara cuando lo necesitamos. Entonces, con un corazón abierto y una mano extendida, podemos arrastrar a otra persona con nosotros.

Yo soy un instrumento valioso en el proceso curativo de otra persona.

Y El los envió... a curar.

—Lucas 9:2

Debemos darnos cuenta de que el poder de curación del espíritu está dentro de cada uno de nosotros. Cada uno tenemos el poder de sanarnos no sólo a nosotros mismos, sino a nuestro mundo y a los que nos rodean. El espíritu que se expresa a través de nosotros en forma de una palabra amable, de un roce cariñoso o de una simple sonrisa, puede ser todo lo que haga falta. Cuando nos demos cuenta de quiénes somos, de las bendiciones que hemos dado, del poder que incorporamos, habremos llegado a la fuente de nuestra habilidad para curar. Cada día tenemos por lo menos una oportunidad de ayudar a un amigo, a un ser querido o inclusive a un extraño. Independientemente del color de nuestra piel, de nuestra situación económica, de nuestra filosofía social o política, nuestra responsabilidad es hacer lo que podamos, cuando podamos, para asegurar que otra persona mejore. Hoy, vamos a hacernos conscientes del poder sanador en nuestro interior y a dedicarnos a animar a aquellos que toquemos.

A través del poder curativo del espíritu que llevo por
dentro, hoy bendigo a los demás.

No sigas el camino. Ve a donde no hay camino para comenzar un sendero.

—Proverbio ashanti

Hace falta valor, fuerza y convicción para ir contra la corriente. Pero si alguien no lo hubiera hecho, no tendríamos pan de centeno, helado de chocolate ni radios en nuestros automóviles. A veces es difícil hacer que los demás sigan tu hilo de pensamiento. No trates más. Es tu hilo. Tú eres el ingeniero y el conductor. Por lo general queremos y necesitamos ayuda, apoyo y consuelo cuando estamos haciendo algo nuevo. Si no lo obtenemos, ¡qué se va a hacer! ¿Significa eso que vamos a dejar de hacer lo que estamos haciendo? ¡Claro que no! El camino del éxito está lleno de señales, de símbolos de advertencia y de obstrucciones. Pero cuando inicias un nuevo sendero lleno de valor, fuerza y convicción, el único que puede detenerte eres tú mismo.

Yo soy un abrecaminos.

Nadie puede desenraizar el árbol que Dios ha sembrado.
—Proverbio yoruba

Cuando pensamos que nuestro enemigo nos está ganando, queremos correr y correr. Cuando creemos que alguien quiere lo que tenemos, apretamos eso hasta dejarlo seco. Cuando creemos que "ellos" quieren hacernos daño, encontramos "su trampa" a cada vuelta. Sin embargo, si dejáramos de correr, de apretar y de sospechar, entenderíamos quiénes son "ellos". Ellos son los pensamientos que nos atormentan, haciendo que nos conduzcamos de formas improductivas. Ellos son las dudas y las sospechas que llevamos por dentro, y que le sacan la vida a eso mismo que deseamos. Ellos son los miedos a los que nos entregamos, mostrándonos lo mismo que no queremos ver. Ellos somos nosotros mismos cuando no tenemos fe, porque la falta de fe es el peor enemigo. Nadie puede quitarte lo que ha sido hecho para ti. El universo no lo aceptará nunca de la manera en que no debe ser. Hemos sido colocados en este planeta para ser de cierta manera, para tener ciertas cosas, para llevar a cabo cierta tarea. Hasta que hayamos sido, hecho y tenido lo que hemos venido aquí a ser, hacer y tener, nosotros somos los únicos que podemos lograrlo de esa forma.

Lo que es mío, es mío solamente.

Lo principal en el juego de la vida es divertirse. Tenemos miedo de divertirnos porque eso hace la vida demasiado fácil.
—Sammy Davis, Jr.

Vivimos en un mundo que se alimenta del miedo. Miedo de vivir, miedo de morir; miedo de tener demasiado, miedo de no tener suficiente. Cuando los demás descubren nuestras debilidades, nos volvemos temerosos de ellos. Si mostramos nuestra fuerza, la gente se atemoriza de nosotros. El miedo es una manera aceptada de vivir. Tenemos miedo de que nuestro pasado se repita. Tenemos miedo de que no tengamos oportunidades en el futuro. Tenemos miedo unos de otros. Tenemos miedo de los que tienen miedo de nosotros. Cuando permitimos que el miedo controle nuestra vida diaria, corremos el riesgo de quedarnos donde no queremos estar —con miedo. Debemos confrontar las cosas, la gente y las situaciones que tememos, creyendo que el espíritu de Dios está con nosotros. Haciendo lo mismo que tememos, descubrimos una fuerza que nos dirige y nos protege, desencadenando el poder que nos ha ayudado hasta ahora. Cuando nos rendimos ante nuestros miedos y evitamos tomar riesgos, es poco probable que jamás podamos superar las cosas mismas que tememos.

A medida que crece mi sentido de poder, disminuye mi miedo a la vida.

Primero la tierra fue una masa informe y vacía. Y el Espíritu de Dios se movía sobre la nube de oscuridad.

—Génesis 1:2

¿Temes enfrentar lo desconocido que representa algo nuevo? ¿Quieres saberlo todo ahora mismo y ser capaz de ver todo lo que te espera? Bueno, imagínate si el Creador hubiera esperado por un modelo para darle forma al mundo. ¿Quién? ¿Qué? ¿Dónde estarías hoy? Cuando enfrentas lo desconocido, ten fe. La fe viva trabaja a través de ti y por ti. Cuando nos acercamos a algo nuevo, rindámonos. Rinde tu deseo de estar en control. Es el ansia de saber, el deseo de controlar y la incapacidad de rendirse lo que crea el miedo. Recuerda, la misma fuerza que creó al mundo sin un modelo es la sustancia sobre la cual te sostienes. Párate firme en la oscuridad de lo desconocido sabiendo que allí hay algo sólido.

Yo me rindo al poder de lo divino que está dentro de mí.

Dios es amor.

—Proverbio puertorriqueño

Dios es amor, una presencia que entra en nuestras vidas en el mismo momento en que pasamos de la oscuridad del útero a la claridad del mundo. El nacimiento es el avance de lo conocido hacia lo desconocido. Es un empujón hacia adelante de lo cálido a lo frío. Es un viaje de no saber a saber y al reconocimiento de la luz. Dios nunca nos pide que retrocedamos. Sencillamente nos pide que crezcamos. La luz del amor del nacimiento permanece con nosotros hasta que se termina la tarea terrenal. Entonces avanzamos hacia el reino de lo conocido. La fuente de luz. La causa del amor. No importa qué situaciones se nos presentan en la vida, la luz del amor está allí. Mientras estemos en la luz el movimiento debe ser hacia adelante. Mientras más amemos, más luz habrá. Mientras más luz haya, más fácil es el nacimiento.

En todas las situaciones, bajo todas las circunstancias
permaneceré en la luz.

Analizar la pregunta trae más sabiduría que tener la respuesta.
—*Un curso en milagros*

Si atacas un problema, lo único que vas a lograr es una nalgada en el trasero. Cualquier cosa que ataques, te atacará a su vez. Es probable que, si tienes un problema, éste sea más grande que tú; se te subió encima o, en primer lugar, no supiste lo que hacías. No ataques tus problemas. Enfréntalos, confiésalos, entiende lo que son —ése es el proceso. El proceso enseña y trae una riqueza que ayudará a evitar futuros problemas. Cuando atacas un problema, eso significa que tú quieres una solución. La solución no siempre es la respuesta, pero el proceso sí lo es. El proceso te mantiene en el momento presente y tú debes estar en el momento presente para entender plenamente la solución. Cuando luchas, atacas o batallas con un problema estás enfocado donde no estás —en el futuro. Tú estás aquí, en el momento presente, exactamente donde está el problema. Así que cálmate, entiende lo que realmente está pasando y entonces ríndete al proceso.

Hoy no atacaré ningún problema, sino que pasaré por el proceso de solución.

El autoodio es una forma de esclavitud mental que produce pobreza, ignorancia y delincuencia.

—Susan Taylor

Cuando no te sientes bien acerca de ti mismo, es difícil sentirse bien acerca de nada o de nadie más. Todo lo ves con una mirada de amargura. No te das cuenta del valor y el mérito de toda experiencia. Te limitas porque no te sientes bien con lo que eres o de lo que haces. Te quedas atrás porque no crees que lo que quieres vale la pena. Te quedas en situaciones abusivas o improductivas. Te sientes mal contigo por lo que has hecho. Odiarse a sí mismo es un ciclo vicioso que resulta en la autodestrucción. Eso llena al mundo de odio y a la gente de desesperación. La única manera de escapar del ciclo del autoodio es permitirte a ti mismo creer que el mundo está esperando por aquello en lo que te estás convirtiendo. Lo que el mundo debe hacer es dejar que cada persona sepa que es apreciada y bienvenida sencillamente por ser quien es.

Yo me amo por ser un ser digno de amor.

La belleza del hombre está en su inteligencia y la inteligencia de la mujer está en su belleza.

—Proverbio boliviano

Era una antigua tradición en una aldea africana que las mujeres escogieran a los líderes. A medida que pasó el tiempo, las ideas modernas prevalecieron y los hombres se negaron a adherirse a la tradición. Los hombres escogieron sus nuevos líderes y en menos de nueve meses las riquezas de la aldea habían sido vendidas, los templos habían sido invadidos y un 85 por ciento de los viejos, las mujeres y los niños habían sido asesinados. El símbolo masculino ♂ indica una acción hacia afuera. Es agresivo. Tiene que tener algo que hacer. El símbolo femenino ♀ se dirige abajo y adentro. Es un recipiente que recibe lo que se hace. Si vamos a lograr el equilibrio y la armonía mundial que perseguimos, los hombres deben dar un paso atrás y honrar a las mujeres y aprender de ellas. Si queremos eliminar la agresión y la destrucción del mundo, las mujeres deben honrarse a sí mismas individual y colectivamente.

Hoy apoyaré, honraré y respetaré el poder femenino.

Seis millones de mujeres fueron víctimas de abuso en 1991. Una de cada seis estaba embarazada.

—Sally Jessy Raphael

El abuso contra las mujeres es más que un acto delictivo de violencia. Es una afirmación de la visión que tiene la sociedad de las mujeres y de sí misma. Las mujeres han sido vistas como propiedad, como instrumentos de placer y subordinadas. La gente que apoya esta visión olvida que las mujeres son las madres, las hijas, las tías, las hermanas y las sobrinas que criaron a los padres, los hijos, los tíos, los hermanos y los sobrinos del mundo. Las mujeres son la fuerza creativa del mundo. El tratamiento que el mundo da a las mujeres se reflejará en las cosas que crean los hombres. Cada hombre de color tiene una obligación ancestral de aclarar su punto de vista acerca de las mujeres. Las penas de la infancia, las desilusiones de la juventud, las ideas erróneas de la vida adulta deben ser corregidas y olvidadas. Cada mujer de color tiene la responsabilidad hacia todas las mujeres de color de revelar la violencia que se comete contra ellas, de sanar sus heridas y de hacer todo lo que esté en su poder para asegurar la curación de otra mujer.

Y soy cada una de las mujeres.

Consejo es lo que pedimos cuando ya sabemos la respuesta, pero no quisiéramos saberla.

—Erica Jong

Cada uno de nosotros nace sabiendo todo lo que tenemos que saber. Está programado en nuestros genes. Está conectado a nuestra misión y propósito en la vida. Las personas de color en particular están genéticamente codificadas para ser genios. Estamos, sin embargo, programados para la autodestrucción. Nos enseñan que debemos ser autorizados, cualificados y sancionados por otra persona. Por desgracia, lo creemos. No confiamos en nosotros mismos. Buscamos el apoyo y la aceptación de los demás. Cuestionamos lo que sabemos a menos que podamos identificar en eso lo que alguien nos enseñó. Olvidamos que tenemos un mecanismo de información, protección y guía con el que nacimos. Nos salimos de nosotros mismos, y luego nos lamentamos de que nos hemos perdido. Si vamos a sobrevivir debemos aceptar y entender lo que ya sabemos. El tema clave llega a ser, "¿Tengo la fuerza y el valor para hacer lo que sé que es bueno para mí?"

Yo sé que sé que sé que estoy sabiendo.

La pasión por hacerles ver a los demás que se equivocan es, en
sí misma, una enfermedad del ser.

—Marianne Moore

Muchos de nosotros necesitamos tener razón. Por lo general esto proviene de la queja interior, "Hay algo que está
mal en mí." Entonces nos dedicamos a demostrar que tenemos la razón haciendo que otros estén equivocados. Puede
que planeemos lo que decimos. Puede que solicitemos el
apoyo de otras personas. En algunos casos, sencillamente
atacamos, dejando que otros sepan lo equivocados que están
y por qué pensamos así. El pensar que uno siempre tiene la
razón es una enfermedad. Es un deseo interno de ser aceptado y valorado. Es un camuflaje para sentimientos de falta de
valor. No importa lo equivocada que pueda estar otra persona, eso nunca te dará la razón. El autovalor, el automérito
y la autoestima no pueden venir como resultado de ser el
único que tiene la razón. Deben venir de saber quién eres por
dentro y de sentirte bien con lo que eres. El que los europeos
estén equivocados no significa que los africanos tengan
razón. El que las mujeres estén equivocadas no significa que
los hombres tengan razón. El que los blancos estén equivocados no significa que los indios americanos tengan razón.
Debemos tener razón con nosotros mismos. Una vez que lo
logremos, tendremos tanto que hacer, que no nos quedará
tiempo para llevar la cuenta de quién está equivocado.

Yo estoy bien, tú estás bien, ahora, vamos a trabajar.

La victoria tiene cien padres y la derrota es huérfana.
—John F. Kennedy

La gente siempre recuerda cuando haces algo fuera de lo común, fuera de carácter o algo sencillamente tonto. Tienen una manera de hacerte saber lo disgustados, soprendidos o desilusionados que están. Inclusive a veces hay alguien que creerá que cometiste el error o la acción estúpida tan sólo para molestarlo. Puede que quieran reñirte, regañarte o castigarte, prestándole probablemente muy poca atención a cómo te sientes. Probablemente tú te estás torturando y no necesitas que otros también lo hagan. Pero lo hacen de todas maneras y así es como surgen en ti la vergüenza, la culpa y la ira. No importa lo que hagas, nunca debes perder de vista el hecho de que esa lección es unicamente tuya. No importa lo que otros piensen o crean; tú eres el que está creciendo y aprendiendo. No tienes nada de qué sentirte culpable, avergonzado o enojado, debes estar listo para la lección, de otra manera no tendrías la experiencia. Mejor que enfocarte en lo que "ellos" dicen, identifica lo que has aprendido y recuerda lo desagradable que es ser criticado la próxima vez que comiences a criticar a otra persona.

Nadie tiene que decirme lo importante qué es la lección que estoy aprendiendo.

Dejemos que esos padrenuestros sean para nuestra alma.
—Proverbio venezolano

A los blancos les gusta el violín, a los negros les gustan los tambores. A los blancos les gusta jugar al bridge, a los negros les gusta jugar veintiuna. Los blancos comen caviar, los negros comen patas de cerdo. Los blancos juegan squash, los negros juegan balompié. La gente no hace lo que hace debido al color de su piel. Hacen lo que les es familiar y accesible y lo que vibra en sus espíritus. Se trata de antepasados. ¡Se trata de tradiciones! Se trata de lo que les gusta o no les gusta hacer. Y todo está bien. Cuando comencemos a entender que somos mucho más que color, podemos comenzar a aceptar nuestras diferencias individuales. Podemos comer lo que queremos, jugar lo que queremos, ir donde queremos, hacer lo que queremos —porque elegimos hacerlo así. Ninguna cosa es mejor que otra debido a quien la hace. Lo que hace atractiva y disponible una actividad es cómo es apoyada por la gente que la hace. Haz lo que haces porque te gusta hacerlo, no porque tu color te impide hacer otra cosa distinta.

Se trata del alma. Tienes que hacerlo para entenderlo.

Un amor. Un corazón. Vamos a reunirnos y a sentirnos bien.
—Bob Marley

El verdadero poder, nuestro poder, radica en nuestra diversidad y diferencia. No radica en el poder ilusorio que perseguimos en el dinero y los objetos. No radica en lo que llamamos unidad. Ya estamos unificados a través del aire que respiramos. Queremos negar nuestra unidad debido a que lucimos diferentes, actuamos diferente y creemos que queremos cosas diferentes. El olmo, el roble y el pino viven juntos para crear los poderosos bosques. El tiburón, el delfín y la ballena viven juntos para crear la riqueza de los océanos. El azulejo, el halcón y el petirrojo cantan juntos para crear la melodía de los cielos. El león, el elefante y el jaguar viven juntos en la maravilla de las selvas. Todos quieren las mismas cosas: alimento, protección para sus hijos y la oportunidad de moverse libremente. Los animales no culpan ni juzgan. Ellos viven sin ira ni miedo. ¿Es que los animales son sencillamente estúpidos? ¿O nos hemos vuelto nosotros demasiado listos?

Hoy honraré y respetaré el poder que hay en la diferencia.

LOS DEMAS

Todas las personas en nuestra vida son un espejo de quienes somos, de lo que pensamos, y de lo que hacemos. Ellos nos reflejan nuestros pensamientos y sentimientos secretos. Más importante aún, ellos vienen a enseñarnos lo que necesaitamos aprender. La gente no viene a nuestras vidas a herirnos; viene porque nos ama. La gente en nuestras vidas nos quiere tanto que viene a mostrarnos lo que debemos hacer para crecer más allá de los sentimientos y las emociones que nos causan pena. Lo mejor que podemos hacer por nosotros mismos y por las personas en nuestras vidas es amarlas incondicionalmente, perdonarlas sin reservas y aceptarlas tal y como son. Lo que siempre debemos recordar de los demás es que sea lo que sea lo que les demos o les hagamos, eso ha de volver a nosotros multiplicado por diez.

El amor que deseamos ya está dentro de nosotros.
—*Un curso en milagros*

Dios es amor. Es ahí por donde debemos comenzar. No podemos esperar tener una relación llena de amor con nuestra familia, pareja o hijos hasta que sanemos nuestra relación individual con Dios. En las antiguas tradiciones de las personas de color toda la vida se centraba alrededor de la Fuerza Creativa y sus elementos. Nuestros antepasados tenían un saludable respeto por el Creador y todas sus creaciones. Honraban a la tierra por su apoyo, al sol por la fuerza vital y a ellos mismos como expresiones de la creación. Hoy nos relacionamos con nuestros mutuos egos. Queremos complacernos unos a otros debido a quiénes somos o a lo que tenemos. Reverenciamos a la gente; queremos que la gente llene nuestras necesidades; nos desmoralizamos a nosotros mismos y a los demás por lo que creemos que es amor. Dios es amor. ¡Eso es! Dios no da regalos. Dios no tiene necesidades. Dios no discute. Dios no amenaza. Dios no se siente abandonado. Dios no lidia con el rechazo. Lo único que Dios hace es amarte y esa es la única razón por la que estás aquí.

La única relación que buscaré hoy es una relación donde haya amor.

Habiendo comenzado en el espíritu, ¿vas a hacerte ahora perfecto a través de la carne?

—Gálatas 3:3

La medida más precisa de nuestro valor es cuánto nos valoramos a nosotros mismos. Cuando valoramos quiénes somos, seguramente que atraeremos a otros que valen tanto como nosotros. Cuando estamos necesitados, carentes de algo, faltando confianza y autoestima, nos encontraremos en situaciones y entre personas que refuerzan esas ideas. El primer paso para crear relaciones es aprender a valorar lo que somos. No podemos convencer a los demás de lo prodigiosos y maravillosos que somos si nosotros no lo creemos. Primero debemos convencernos a nosotros mismos. Si nos encontramos constantemente en situaciones en que nos tratan mal, nosotros somos los responsables, no la otra persona. Cuando nos encontramos en situaciones en que sentimos que no nos quieren, debemos tener el valor y la confianza para irnos. Nuestro sentido del valor debe venir en primer lugar de nuestro interior. Cuando tenemos eso, podemos esperar que esos con quienes tenemos relaciones también nos valoren.

La riqueza de mi espíritu ilumina mi mundo.

Hay que tener amor en tu corazón antes de que puedas tener esperanza.

—Proverbio yoruba

A una tierna edad nos enseñan a depender de otra persona para nuestras necesidades básicas. Cuando no tenemos pelo ni dientes y somos inútiles, está bien que sea así. A medida que maduramos, debemos aprender a sostenernos y a amarnos a nosotros mismos. Un ser equilibrado y productivo es aquel que aprende a amarse a sí mismo. Amarte a ti mismo no tiene nada que ver con ser egoísta, autocentrado o absorbido en ti mismo. Significa que te aceptas a ti mismo por lo que eres y que estás dispuesto a dar un paso adelante, inclusive si no lo sabes dar muy bien. Amarte a ti mismo significa aceptar tus habilidades y tus debilidades, hacer un compromiso de trabajar para construir y corregir lo que necesita ser hecho. Cuando te amas a ti mismo, pavimentas el camino para que todo lo que quieras y necesites llegue a ti en el momento adecuado de la manera ideal.

Yo me amo.

Perdona y serás perdonado.

—Lucas 6:37

Todo el mundo ha tenido a alguien que "le ha hecho daño". Cuando alguien nos hiere, queremos responder hiriéndolos a ellos. Vivimos con ira y pensamientos de venganza. Queremos verlos sufrir. Queremos que ellos sientan lo que nosotros hemos sufrido. Queremos que ellos sepan que lo que hicieron no puede quedarse sin castigo. Pero ellos sí se salieron con la suya si la ira te mantiene atrapado en esa situación. Cuando la situación se invierte, cometemos errores, le causamos dolor a otras personas, y no podemos entender por qué ellos no nos perdonan o no nos pueden perdonar. Tal vez es porque hay alguien a quien nosotros debemos perdonar. El perdón nos libera del dolor del pasado y nos hace evitar nuestros errores en el futuro. Lo que das es lo que recibes. Cuando perdonas, hay perdón para ti si tú lo necesitas.

Yo perdono a todos por todo, total e incondicionalmente.

Si estás dispuesto a enfrentar el pasado, puedes enriquecer el momento que estás viviendo.

—Oprah Winfrey

Somos el producto de nuestro pasado, del ambiente de nuestra niñez. Los que tuvimos una niñez llena de dolor, tenemos la determinación de escapar de nuestros recuerdos. No podemos. Nuestro pasado es parte de nuestro presente. Lo llevamos en nuestros corazones. Encarnamos lo que vimos, oímos y experimentamos de niños. Eso se llama un patrón. Hacemos lo que nos hicieron. Nos comportamos de la manera que vimos comportarse a los demás. Sin querer, con extrema negación, repetimos los patrones físicos, emocionales y mentales establecidos por nuestras familias. La única manera de detener el ciclo, de romper el patrón, es regresar y lidiar con el dolor. Debemos volver a vivir los recuerdos antes de que podamos borrarlos. Debemos confrontar a esas personas que están en nuestra mente y decirles ahora lo que no pudimos decirles antes. Debemos explorar los sentimientos, desempacar el sentimiento de culpa y liberarnos de los bultos con que nos cargamos en el hogar.

No acepto las cargas inútiles.

No puedes pertenecer a nadie más, hasta que pertenezcas a ti mismo.

—Pearl Bailey

Encontrar y comenzar una nueva relación puede ser difícil. Es particularmente difícil cuando estamos acarreando cargas de relaciones pasadas. Nos dicen que no es bueno traer relaciones pasadas a las del presente. Eso lo sabes. Pero, ¿cómo te liberas de eso que es parte de ti? ¡No puedes! Sin embargo, puedes descargarte el equipaje. Puedes echarle un vistazo al dolor, la culpabilidad, el miedo. Puedes mirarlo frente a frente y ver lo que es, por lo que es —el pasado. Se acabó. Sin vergüenza, sin culpar, debes mirar a lo que sucedió y saber que no tiene que suceder otra vez. Sólo cuando te niegas a mirar, cuando te niegas a soltar la carga, es cuando las nuevas experiencias se añadirán a tu colección de cargas. Hay otra cuestión que a menudo olvidas cuando estás avanzando hacia una nueva relación: aunque el pasado haya sido muy doloroso, lo pudiste pasar.

Hoy estoy liberándome de mis cargas.

El fuerte perdona. El débil recuerda.
—Proverbio ecuatoriano

¿Estás trabado en tu primera relación? ¿Tu quinta? ¿Tu última? La mayoría de nosotros estamos trabados en los recuerdos, los ideales, el dolor o el trauma de una relación pasada. Consideramos a todo el mundo culpable por las cosas que alguien nos hizo antaño. Parece que no podemos soltar la carga, superar el desengaño o perdonar el pasado. Y no podemos entender por qué acabamos en una relación parecida, una situación idéntica o con el corazón destrozado. ¡Lo que atraemos hacia nosotros es lo que somos! Si nos sentimos heridos, enojados, lastimados, confundidos, desilusionados o solos, atraeremos parejas que traerán más de lo que ya sentimos. Sólo podemos atraer a nosotros los seres en nuestra misma onda. Si nuestra onda es oscura y deprimente atraeremos lo que reflejamos. Si queremos movernos más allá del dolor de las relaciones pasadas, debemos dejar de llorar por ellas. Dejar de pensar en ellas. Dejar de atraerlas hacia nosotros. Perdona, suelta y avanza. Cuando salimos del lugar donde estamos, el pasado no puede seguirnos.

Me estoy moviendo hacia arriba, fuera y lejos.

Para entender cómo funciona cualquier sociedad debes entender la relación entre los hombres y las mujeres.
—Angela Davis

¿Qué tipo de relación tenías con tus padres? ¿Cómo te sientes en realidad con respecto a ellos? Sea cual sea o haya sido la relación con tus padres, se reflejará en los tipos de relaciones que tienes en tu vida. Será difícil tener una buena relación con las mujeres si no tenías una buena relación con tu madre. Sean cuales sean las imagenes, los pensamientos y los sentimientos que tengas con respecto a tu padre, se reflejarán en tus relaciones con los hombres. Tu relación con ellos es tu modelo de lo que vas a esperar, de lo que es o no es aceptable. Cuando los recuerdos de nuestros padres son desilusionantes, aterrorizantes y/o dolorosos, puede que repitamos estos patrones en nuestras vidas. Podemos romper el patrón cuando perdonamos a nuestros padres. Ellos hicieron lo mejor que pudieron basados en el patrón y en el modelo de acuerdo al cual vivieron. Ellos, igual que nosotros, tienen heridas, y dolores, y malos recuerdos. Nuestros padres son sencillamente personas que hicieron lo mejor que pudieron con lo que sabían.

Yo perdono a mis padres y me libero de sus patrones.

Tienes que pararte firme por algo, si no te caerás por todo.
—Angel Martins

La siguiente es una lista de adjetivos usados por un grupo de cien mujeres para describir a los hombres. Un hombre es: un perro; un mentiroso; irresponsable; infiel; alguien con quien es difícil comunicarse; un buen trabajador; fuerte; un dolor de cabeza; perezoso; desordenado; desconsiderado; sin emociones; poco confiable; tacaño; alguien que usa a los demás; manipulador; difícil de complacer; demasiado agresivo; demasiado posesivo; confundido acerca de lo que quiere; aprovechador de las mujeres; lo único que puede realmente herir a una mujer; difícil de amar; un buen amante; un demonio sexual; estúpido; difícil de aguantar; difícil de conservar; algo que no vale la pena; una desilusión; una pérdida de tiempo; lindo cuando duerme; mejor sin una mujer; un chiste; bueno con su mamá; demasiado listo para su propio beneficio; el último regalo que pido en las Navidades.

Doce de estas mujeres estaban involucradas en relaciones cariñosas y largas. Sesenta y tres de estas mujeres no habían conocido a sus padres.

Un hombre es algo de la mente. Lo que yo tenga en mi mente es lo que voy a encontrar en un hombre.

La mujer es una fuente de fuego/ La mujer es un río de amor/ Una mujer latina es sólo una mujer/ con la música dentro.

—Dolores Prida

La siguiente es una lista de adjetivos usados por un grupo de cien hombres para describir a las mujeres. Una mujer es: una perra; una mentirosa; inconstante; difícil de complacer; una soplona; una gastadora; un dolor de cabeza; un madre; una colaboradora; el regalo de Dios al hombre; débil; estúpida; una servidora del hombre; nada sin un hombre; un objeto sexual; una provocadora; algo con lo que no quiero tener nada que ver; espiritual; buena compañia; una deducción de los impuestos; avariciosa; una angustia; una rompecorazones; capaz de cualquier cosa baja y sucia; asustadiza; celosa; demasiado contestona; enojada la mayoría del tiempo; confundida; dulce; agradable de mirar; difícil de manejar; mi madre; una tonta; piensa que es más lista que los hombres; mi mejor amiga; una chismosa; capaz de desenvolverse en el mundo de los blancos; una que recibe bienestar social; demasiado emotiva; insegura de sí misma; la razón por la que tengo dos trabajos.

Cuarenta y siete de los hombres estaban involucrados en relaciones cariñosas y largas. Once de los hombres querían y admiraban a sus padres. Cuarenta y tres admiraban a sus madres.

Una mujer es algo de la mente. Lo que yo tenga en mi mente es lo que voy a encontrar en una mujer.

Tu pareja divina te está buscando y ustedes sólo se pueden encontrar divinamente.

—Jewel Diamond-Taylor

Tu pareja divina ya existe. Ustedes están siendo preparados para encontrarse uno al otro. A través de tus muchas experiencias de crecimiento, y del propósito que está grabado en tu alma, llegará el día en que ustedes se encontrarán frente a frente. Será tan claro como el cristal que esta persona es la adecuada. A ella no habrá que arreglarla. A él no habrá que repararlo. Te tocará en un lugar de tu corazón y de tu alma que, hasta ese día divino, nadie ha tocado. Al permitirte a ti mismo aceptar la realidad de que tu pareja divina existe, se te revelará como una realidad. Puedes dejar de buscar, de forzar y de tratar que eso suceda. No necesitas molestarte ni preocuparte ni permitirte estar solitario, porque tu pareja divina ya existe. Puedes dejar de buscarlo o buscarla. En vez de eso, pasa tu tiempo buscando en tu interior. Cuando llegues al lugar dentro de ti que es amor divino y sereno, tu pareja verdadera se te revelará.

Mi pareja divina me será revelada de la manera divina en el momento divino.

No podemos posponer vivir hasta que estemos listos. La característica más importante de la vida es su coercividad: siempre es urgente, "aquí y ahora", sin que sea posible posponerla. La vida está apuntando directamente a nosotros.

—José Ortega y Gassett

Si estás teniendo un día malo, ése es un problema personal con el que el mundo no tiene que preocuparse. Si te levantas por los pies del lado izquierdo, no es culpa de nadie, sino tuya. Si es esa época de la semana, del mes o del año para ti, ¿qué quieres que haga el mundo? Eso no es jamás una excusa para ser grosero, cruel o abusivo con nadie, para decir sencillamente, "Es un día malo." No es apropiado gritar, maldecir, estallar con ira o hacer cosas que no tienen por qué suceder entre gente civilizada tan sólo porque "tú tienes otra cosa en tu cabeza". No podemos abusar ni traumatizar a los demás porque nosotros estamos enfrentando un reto. ¡LA VIDA ES UN RETO! Las tradiciones africanas nos dicen que no importan las dificultades que enfrentemos. Nuestro mérito se mide por la manera en que enfrentamos esas dificultades. Si vamos a crecer y a alcanzar nuestro máximo potencial, no tenemos tiempo que malgastar en días malos.

Hoy es un nuevo día. Me niego a darle un mal comienzo.

Un hombre sin hogar es como un ave sin nido.
—Proverbio argentino

Si tienes una discusión en tu hogar, es probable que tengas otra en tu trabajo. Si te sientes sin apoyo en tu hogar, es probable que tus amigos te abandonen. Si en tu hogar no cooperas, no eres confiable y eres irrespetuoso, llevaras esa misma energía donde quiera que vayas. El hogar es la fundación de todo lo que vemos y hacemos en el mundo y en nuestras relaciones. La cultura de las personas de color señala que uno convierta a su hogar en la preocupación principal del corazón. El corazón crea amor, apoyo, cooperación, nutrimento y paz. El hogar es nuestra primera escuela. Pongamos nuestros corazones, nuestras mentes, nuestros cuerpos y nuestras almas de nuevo en el hogar como el primer paso hacia la eliminación de la violencia en las calles.

Mi hogar es mi salvación.

La aguja hala al hilo.

—Proverbio yoruba

Cuando progresamos en la vida enfrentamos obstáculos y desafíos. Hay tiempos en los cuales lo más familiar nos presenta la más desafiante oposición —nuestra familia. Si nuestra vida se aleja de lo que es conocido para nuestra familia, ellos temen que los vayamos a abandonar. Puede que usen sus miedos y preocupaciones como una razón para no apoyarnos. Puede que no entiendan por qué nosotros no podemos hacer ciertas cosas de la manera en que ellos las han hecho siempre. De la manera en que ellos se sienten cómodos haciéndolas. Queremos que nuestra familia apoye y estimule nuestros sueños, pero si no lo hacen, está bien. A veces debemos andar solos, hacer un nuevo camino, comenzar el sendero que otros seguirán. Nuestra labor es dejar que nuestras familias sepan que los queremos, mantenerlos tan informados como quieran estarlo; cuando sea posible, debemos invitarlos a que se unan a nosotros en el proceso. Sin embargo, si ellos eligen permanecer en el mismo camino viejo, no tenemos obligación de caminar con ellos.

Yo estoy tejiendo las fibras de un nuevo mundo.

La gente llega a tu vida por una razón, por una temporada o por la vida entera. Cuando descubres por cuál ha llegado, sabes exactamente qué hacer.

—Michelle Ventor

¿No sería maravilloso si nuestro primer amor pudiera ser nuestro único amor, por los siglos de los siglos, amén? Bueno, seguramente que a estas alturas ya tú sabes que la vida no es así. La gente entra y sale de nuestras vidas, llevándose con ellos un pedacito de nuestro corazón. Por lo más difícil o doloroso que pueda ser, eso es exactamente lo que deben hacer. Tenemos amor más que suficiente para compartir y dar, y debemos regalarlo abiertamente. Cuando amamos con una razón es agradable dar amor, porque recibimos lo que damos. Cuando tenemos un amor pasajero, es un amor de vendaval, que nos prepara para algo mejor. Cuando llegan a nuestra vida esas personas tan especiales, podemos amarlas y las vamos a amar para siempre. El amar no es lo que nos hace daño emocionalmente, es el intento de arrancar a la gente de nuestros corazones y nuestras mentes. Cuando amamos adecuadamente de acuerdo a la etapa en que nos encontramos, seguramente disfrutaremos de una vida entera de amor.

Yo sé por qué tú estás en mi vida y te amo por esa razón.

Una razón...

Cuando alguien está en tu vida por una razón, es por lo general para llenar una necesidad que tú has expresado exterior o interiormente. Ellos han venido a ayudarte en una dificultad, a ofrecerte su guía y su apoyo, a ayudarte física, emocional o espiritualmente. Puede que parezcan como un regalo del cielo, y lo son. Están ahí por la razón por la que tú necesitabas que estuvieran allí. Entonces, sin que tú hayas hecho nada incorrecto o en un momento poco conveniente, esta persona dirá o hará algo que dará por terminada la relación. A veces mueren. A veces se van. A veces se portan mal y te fuerzan a tomar una determinación. De lo que debemos darnos cuenta es de que nuestra necesidad ha sido cumplimentada, nuestro deseo concedido; el trabajo de ellos está hecho. La plegaria que enviaste ha sido contestada y ahora es tiempo de seguir. ¡El próximo!

Cuando se concede una plegaria, no hay necesidad de llorar.

Una temporada...

Cuando llegan personas a tu vida por una temporada, se debe a que te ha llegado el turno de compartir, crecer o aprender. Puede que te traigan una experiencia de paz o que te hagan reír. Puede que te enseñen algo que tú nunca habías hecho. Por lo general te dan una increíble cantidad de alegría. ¡Créelo! ¡Es cierto! Pero sólo por una temporada. De la misma forma que las hojas deben caer de los árboles, o que la luna se llena y después desaparece, tus relaciones de temporada terminarán en el momento divinamente previsto. Cuando llega esa hora, no hay nada que tú puedas decir o hacer para que funcione. No hay nadie a quien puedas culpar. No puedes arreglarlo. No puedes explicarlo. Mientras más fuertemente te agarres a eso, peor será. Cuando llegue el final de la temporada a una relación llena de amor, lo único que puedes hacer es dejarla ir.

Hay una temporada para cada cosa.

Una vida entera...

Las relaciones largas son un poco más difíciles de soltar. Cuando uno está involucrado con los padres, un hijo o una esposa, las heridas son muy profundas. Cuando llega el final de una relación que ha durado toda la vida, puede que sientas que mejor estarías muerto. El dolor parece crecer, los recuerdos persisten, una parte de tu vida está muriendo. Vuelves a vivir cada momento doloroso con un intento por entender. Tu tarea no es entender. Tu tarea es aceptar. Las relaciones largas te enseñan lecciones para toda la vida; sobre esas cosas debes construir para poder tener una sólida base emocional. Son las lecciones más difíciles de aprender, las más dolorosas de aceptar; sin embargo, éstas son las cosas que tú necesitas para crecer. Cuando encaras una separación o el final de una relación de toda la vida, la clave es encontrar la lección; amar a la persona de todas formas; seguir y hacer uso de lo que has aprendido en todas las otras relaciones.

Una nueva vida comienza cuando termina una parte de la vida.

No podemos buscar logros para nosotros mismos y olvidarnos del progreso y la prosperidad de nuestra comunidad... Nuestras ambiciones deben ser lo suficientemente amplias como para incluir las aspiraciones y las necesidades de otros, por su propio bien y por el nuestro.

—César Chávez

Con todo lo que sucede en nuestra vida diaria, puede que creamos que no tenemos tiempo para involucrarnos con otras personas y sus problemas, sin embargo debemos hacerlo. Tal vez pensamos que si no vemos u oímos los problemas, éstos se irán, pero no es así. Las personas de color tienen un gran sentido de comunidad. Eso significa que la comunidad es lo que nos da vida. Las culturas africanas, latinas, indias y asiáticas son culturas de "nosotros", no de "yo". No podemos considerarnos libres, prósperos, exitosos o en paz mientras alguien que se parezca a nosotros esté sufriendo. No podemos ayudar a todos, pero tú sí puedes ayudar a alguien. No podemos hacerlo todo, pero tú sí puedes hacer algo. Si cada uno de nosotros participa en una causa, si cada uno combate un mal, si cada uno contribuye con tiempo o con dinero a algo o a alguien, se puede hacer muchísimo. Si cada uno nos echamos un poquito de la responsabilidad sobre los hombros, podemos progresar más rápidamente.

Yo haré mi parte por todos nosotros.

Alguien fue herido antes que tú; sufrió injusticia antes que tú; pasó hambre antes que tú; se asustó antes que tú; fue golpeado antes que tú; fue humillado antes que tú; fue violado antes que tú; sin embargo, ese alguien sobrevivió.

—Maya Angelou

¿Qué haces cuando parece que la gente quisiera quedarse en su dolor? Tienen una historia que contarte y te la cuentan cada vez que pueden. Puede llegar al punto de que ellos estén tan enredados en su dolor que dejan de buscar una salida. Bueno, créelo o no, puede que les guste estar así. Nuestra tarea es dejarlos allí. Tú puedes señalar cuál es la salida a su dolor, pero no puedes obligarlos a salir de allí. Puedes estimularlos a que se muevan más allá de sus limitaciones, pero tú no eres el que tiene que moverse. El moverse requiere aprender de las experiencias dolorosas reconociendo el papel que hemos jugado. Si seguimos continuamente contando la historia sin llegar a una conclusión, nos convertimos en víctimas del drama del dolor.

Tú puedes hacer cualquier cosa que elijas hacer.

Culaquiera que te exija tu silencio o niegue tu derecho a crecer no es tu amigo.

—Alice Walker

¿Te has preguntado alguna vez por qué la gente esconde sus trapos sucios en el closet de tu mente? En el fondo, puede que te sientas honrado cuando te confían los fallos de otra persona. ¿Pero no te das cuenta de que el conocimiento crea responsabilidad. Cuando te piden que permanezcas callado acerca de los actos secretos u ocultos de otra persona, entras en connivencia con esa persona. Si la gente te exige lealtad, presencia o participación en cosas que van en detrimento de ellos, creas detrimento para ti mismo. Cuando abandonas tus sueños, te tragas tu verdad, le das a la voluntad de otros precedencia sobre la tuya propia, te estás traicionando. Ten cuidado con la persona que te pide que "no le digas a nadie" aquello que ellos mismos no pueden mantener callado. Sé responsable contigo mismo y hácelos saber.

Le estás hablando a la persona equivocada.

No hay mejor amigo que una carga.
—Proverbio colombiano

Si hay algo que tú no quieres que la gente sepa de ti, no se lo digas a nadie. Les damos a los demás demasiada responsabilidad cuando les confiamos nuestras cosas. A veces ellos repiten la información sin pensar; otras veces usan nuestra historia para probar algo. Le debemos contar nuestros problemas sólo a las personas que pueden ayudarnos. Un ochenta por ciento de las personas con las que hablamos no nos pueden ayudar; al otro veinte por ciento, realmente, lo nuestro no le interesa. Nos apresuramos a acusar a nuestros amigos de que nos traicionan, pero ¿hemos considerado cómo nos traicionamos a nosotros mismos? Nos mentimos a nosotros mismos y sobre nosotros mismos y luego nos permitimos creer que esas cosas no van a regresar contra nosotros. Regresan, a través de las palabras y las acciones de otra persona. En esos momentos especiales en que tienes que hablar de tus asuntos privados, pregúntale a la otra persona si está dispuesta a mantener tu confidencia. Si la repite, entonces la responsabilidad es suya —no por contar tus asuntos, sino por no mantener su palabra.

Yo sólo te diré lo que quiero que todo el mundo sepa.

Dos hombres en una casa en llamas no deben pararse a discutir.
—Proverbio ashanti

No es tarea ni responsabilidad tuya cambiar las mentes de los demás. La naturaleza de su pensamiento es avanzada o limitada por su experiencia. En tu presencia, ellos tienen una oportunidad de aprender de ti y, quizás, de crecer. Permíteles que te conozcan como un ser con una buena base y preocupado por los demás, alguien que es capaz de escuchar, aprender, compartir y crecer. Esa es tu responsabilidad contigo mismo, con tu vida y con la otra persona. Tú puedes ser un ejemplo del contribuyente pacífico, vibrante y valioso que fueron tus antepasados. Como ellos, tú puedes contribuir a iluminar más el mundo cuando gastes menos tiempo preocupándote de lo que otros piensan y más tiempo creando cambios positivos.

Toda experiencia es una oportunidad de crecer.

Las palabras ofensivas que salen de tu boca, si se repiten, pueden crearte fuertes enemigos.

—*El Husia,* traducido por el Dr. Maulana Karenga

Toda boca tiene dos labios. El labio superior da alabanza, el labio inferior da el chisme. Cuando no cuidamos lo que decimos o a quién lo decimos, nunca podemos estar seguros de que labio repetirá las palabras. Los antiguos egipcios advirtieron de los movimientos descuidados de la boca. Ellos comprendieron el potencial destructivo de las palabras en los labios equivocados. Puede que no estemos familiarizados con esas enseñanzas antiguas, pero sí conocemos el impacto de hablar con el labio inferior. Habla bien de todo el mundo o no digas nada en absoluto. Repite sólo aquello que tienes el deber de repetir y repítelo con un propósito noble. Si algo que dices regresa a ti de una manera equivocada, corrígelo inmediatamente. Suaviza tus palabras poniendo en ellas consideración por la otra persona. Habla de la manera en que tú quisieras que te hablaran a ti. Recuerda que tus padres te dieron la bendición de los labios; háblales con una actitud agradecida.

Yo he hablado sinceramente y lo he hecho de manera correcta.

Sin haber investigado, no hay derecho a hablar.
—Confucio

A menudo nos encontramos envueltos en conversaciones del tipo "él dijo, ella dijo". Puede que no conozcamos a las personas involucradas o puede que hayamos escuchado alguna otra versión de la misma historia por parte de otra fuente. Lo triste es que usamos esta información como base de nuestras opiniones e interacciones con las personas involucradas. Hay una vieja frase africana que dice, "Los oídos no pueden más que la cabeza", lo cual significa que nunca debemos permitir que lo que entra en nuestros oídos no tenga en cuenta el sentido común. El sentido común nos dice que debemos aceptar a la gente como son, basados en nuestra experiencia individual con ellos. Demasiado frecuentemente la historia que no se cuenta es la historia de la otra persona. Lo mejor para nosotros es darle a todo el mundo una oportunidad justa, sin importar lo que hayamos oído de ellos. Debemos hacer nuestro propio inventario mental, identificar las experiencias negativas que hayamos tenido. Si no hay ninguna, debemos comprometernos a abrirnos y tratar con las personas igual que ellos tratan con nosotros.

Yo estoy dispuesto a darle a todo el mundo una oportunidad justa.

Nadie puede juzgarte a menos que tú se lo permitas.
—Swami Nada Yolanda

No te pongas a decirle a otras personas lo que "deben" hacer y no dejes que otros te digan a ti lo que "debes" hacer. "Debes hacer esto o lo otro" es un juicio que hacemos basado en nuestras propias experiencias y percepciones. Cuando se lo transmitimos a otras personas, los estamos juzgando. "Debes" es una expresión de miedo. Dice que nuestra manera es la manera correcta; si te sales de ella, tal vez pruebes que estoy equivocado. "Debes" es la manera en que controlamos a los demás, en que los hacemos pensar o comportarse de la forma en que queremos que lo hagan. "Debes" despierta en nosotros un sentido de culpabilidad y limita nuestra capacidad de crecer. Si hacemos sólo las cosas que debemos hacer, nunca aprenderemos otra manera de hacerlas. El "debes" nos limita a lo que es cómodo. El "debes" nos mantiene en un sitio conocido. El "debes" nos hace responsables ante otra persona y no ante nosotros mismos, y sabemos que ésa no es la manera en que "debemos" vivir.

Yo "debo" hacer sólo aquellas cosas que siento que son correctas para mí.

¿Cuál es la calidad de tus intenciones?
—Thurgood Marshall

Ciertas personas tienen una manera de decir las cosas que nos sacuden profundamente. Inclusive cuando las palabras no lucen duras u ofensivas, el impacto es destructor. Lo que podríamos estar experimentando es la intención tras esas palabras. Cuando tenemos la intención de hacer el bien, lo hacemos. Cuando tenemos la intención de hacer daño, sucede. De lo que cada uno de nosotros debe llegar a darse cuenta es de que nuestras intenciones siempre se logran. No podemos endulzar los sentimientos que están en nuestros corazones. La emoción es la energía que motiva. No podemos ignorar lo que realmente queremos crear. Debemos ser honestos y hacerlo de la manera en que lo sentimos. El deber que tenemos con nosotros mismos y con todos los que nos rodean es examinar las razones de nuestra verdadera intención.

Mi intención será evidente en los resultados.

Cada vez que tengamos relaciones sexuales debemos ser inocentes y abiertos.

—Ebun Adelona

El acto sexual es un acto de profunda creación. Es enlazar y tejer la fuerza Madre/Padre del Creador. Sea lo que sea que guardemos en nuestro corazón Madre y en nuestra mente Padre, durante el acto sexual eso será creado en nuestra vida. Tener relaciones sexuales con enojo creará palabras y situaciones enojadas que deben ser resueltas. Si tenemos sentimientos de negación respecto a nosotros mismos, de quiénes somos o de quién es realmente nuestra pareja en nuestra vida, entonces el acto sexual creará negación en la relación. Autosacrificio en el acto sexual creará una persona que se deja pisotear. Quienquiera que haga el sacrificio será pisoteado. Confusión en el acto sexual crea caos y más confusión acerca de cómo y por qué queremos tener relaciones sexuales. El acto sexual inconsciente, que se hace sólo por hacerlo, crea una violación en la mente subconsciente. Cuando creamos hijos durante un acto sexual equivocado, el hijo trae a la vida el estado de nuestro ser en el momento del acto. Podemos sanarnos y fortalecernos durante nuestra actividad sexual consciente, pero debemos saber lo que estamos haciendo y por qué.

El acto sexual es una expresión creativa en la que yo participo totalmente.

Aunque ella nunca se casó ni tuvo hijos, Lobo me enseñó mucho acerca de uno de nuestros grandes retos como seres humanos—amar bien.

—Pat Mora, *Remembering Lobo*

Una persona nos puede producir una carga emotiva tan fuerte que nos permitimos tener relaciones íntimas antes de que sepamos quién es realmente esa persona. Cuando le damos nuestro cuerpo a otro ser, le estamos dando un pedazo de nuestras almas. Podríamos tomarnos el tiempo de averiguar si ellos se lo merecen. El acto sexual no es la única forma en que podemos demostrarle a una persona que nos gusta. Compartir información, apoyar las metas de otros, dar un poco de nuestro tiempo y energía sin otras expectativas envía un mensaje mucho más poderoso que el sexo. Debemos tomarnos el tiempo de conocer a la otra persona; de entender lo que quiere, de saber cuáles son sus metas y de entender si queremos ir al mismo sitio. Cuando nos soltamos la melena demasiado temprano en el juego, puede que acabemos con la cabeza desgreñada.

Yo preferiré tiempo antes que intimidad.

Todo, inclusive la oscuridad y el silencio, tiene sus maravillas.
—Helen Keller

Una historia de abuso y clasificaciones ha creado una tensión tremenda en la conciencia social de las personas de color. La memoria ancestral de ser clasificados como animales que deben ser inseminados y alimentados nos ha hecho temerosos de nuestra sexualidad. Lo que debemos aceptar y aprender a entender es que podemos ser sexuales y seguir siendo espirituales. Inclusive en los abusos del pasado, las personas de color eran capaces de amar y de compartir ese amor como una expresión sexual. Rogamos por nuestra libertad y la seguridad de nuestras vidas, y seguimos haciendo el amor. Aunque los abusos han cambiado, muchos de nuestros temores no. Ahora mismo, hay muchas personas de color que se ponen ansiosas, nerviosas e incómodas cuando se conversa sobre el sexo. Lo hacemos, pero lo escondemos. En privado, hacemos chistes sobre eso; contamos historias sobre eso a escondidas; cuando se trata de hablar y compartir abiertamente sobre sexo, nos asustamos. Trata esto. El sexo es maravilloso. El sexo es bueno. Me gusta el sexo. Pero no me hagas caso; prueba por ti mismo —con las luces encendidas.

Yo tengo la libertad de ser un ser sexual.

Me tomarás si quiero, pero no de ninguna otra manera.
—Américo Paredes, *Ballad of Gregorio Cortés*

Todas las relaciones son acuerdos contractuales. Cada parte espera recibir ciertas cosas. En nuestras relaciones íntimas, el sexo es como una firma en el contrato. Por desgracia, muchos de nosotros firmamos el contrato sin leer las letras chiquitas. Cuando llegamos a descubrir qué clase de negocio nos han ofrecido, estamos atados por nuestra firma. Algunos contratos tienen un período de gracia de noventa días. Esto les da a las partes la oportunidad de examinar la mercancía, de probar el servicio, de hacer los ajustes necesarios o de salirse del acuerdo. Tiene sentido aplicar un período de gracia a nuestras relaciones íntimas. Puede que necesitemos **tiempo para evaluar el** comportamiento, **las verdaderas** intenciones y la historia de logros del prospecto. Los detalles tales como costumbres, motivos y antecedentes no pueden verse con los ojos cerrados.

Yo estoy dispuesto a leer los detalles.

1 de agosto

Si comes bien, debes hablar bien.
—Proverbio yoruba

Cuando nos enfurecemos, nos molestamos o nos desilusionamos con alguien, olvidamos las cosas buenas que han hecho. Parece que pensamos que la gente tiene que probarse ante nosotros una y otra vez. Si alguna vez no llegan a estar a la altura de nuestras expectativas, nos apresuramos a expresar nuestra consternación. Los antiguos africanos enseñaron que si una persona es buena contigo, tú debes siempre hablar bien de ella. Ellos creían que el bien dura más que lo malo. Para poder mantener la corriente de lo bueno, debes hablar de él. Los antepasados enseñaron que debemos honrar a aquellos que nos ayudaron cuando estábamos necesitados, sin que importe lo que estén haciendo ahora. Debemos honrar a aquellos que nos enseñaron, inclusive aunque ya no usemos sus lecciones. Debemos recordar con una palabra amable el camino que otros han abierto para nosotros, sin importar por dónde o cómo ellos transitan ahora. Todo lo que recibimos en la vida es alimento para nuestro crecimiento. Si comemos del plato, debemos dar las gracias. Recordando que, sin esa comida, en aquel momento, tal vez nos hubiéramos muerto de hambre.

Yo sólo recuerdo el bien que se ha hecho.

Ve al fondo de las circunstancias aparentes de la situación y localiza el amor en ti mismo y en todos los otros involucrados en la situación.

—Madre Teresa

En el momento en que tenemos una experiencia negativa nos quedamos atascados en lo que se nos ha hecho y en cómo se nos ha hecho. Debemos aprender a no tomar la vida de manera tan personal. Realmente la gente no está esperando a ver cómo nos puede hacer daño. Los sucesos no están esperando a caernos por encima. Todos nos estamos moviendo para llegar a donde queremos. Resulta que a veces nos pisamos unos a otros. Cuando nos encontramos en un conflicto o en una confrontación debemos saber cómo salir de allí por medio del amor a nosotros mismos. Amar significa reconocer el miedo como una condición que a veces nos hace hacer y decir cosas que en realidad no sentimos. Amar significa abrir nuestros corazones y nuestras mentes a lo mejor tenemos por dentro, sin que importe qué es lo que esté sucediendo. Amar significa no atacar, sino apoyar, no defender, sino buscar claridad. Amar significa saber que, a fin de cuentas, todo estará bien con nosotros aunque eso signifique que tengamos que dar un poco de algo. Aprendamos a renunciar a la ira y al miedo reemplazándolos con amor.

Yo estoy saliendo de esta situación amándote a ti y amándome a mí.

Cada uno de nosotros está marcado con la vibrante firma de nuestro propio estado de conciencia.
—Paramhansa Yogananda

Nos ofendemos mucho si alguien dice que no estamos a su nivel o si critican nuestras acciones. Pensamos que la han tomado con nosotros debido a nuestra raza, nuestro sexo o porque "ellos" tienen un problema. Debemos considerar lo que en realidad están diciendo antes de rechazar lo que podría ser una crítica valiosa. Considera las cosas que pensamos de nosotros mismos: No soy lo suficientemente bueno, No soy lo suficientemente listo, No lo hice bien, Este y aquel lo hicieron mejor que yo, Necesito alguien que me diga lo bueno que soy, Espero que yo no lo eche a perder todo, como lo hice antes, Si lo hago así, me van a matar, No sé lo que estoy haciendo, No soy bueno en esto, Puedo hacerlo mejor que esto. La vida es un reflejo preciso de nuestra conciencia. Por lo general la gente nos dirá las mismas cosas que pensamos de nosotros mismos. Si queremos que los demás hablen bien de nosotros, primero debemos pensar bien de nosotros mismos. La próxima vez que alguien te critique, piensa, "¿Dónde he oído eso antes?"

Yo pienso positivamente acerca de mí y me hablo positivamente.

Si las amas por la mañana con sus ojos llenos de lagañas; si las amas por la noche con la cabeza llena de rulos, lo más probable es que estés enamorado.

—Miles Davis

¿Cuándo fue la última vez que te enamoraste? ¿Que te enamoraste de verdad? ¿Recuerdas que te sentías como un tonto? ¿Sonriéndote y haciendo muecas cada vez que veías al objeto de tu afecto? ¿Sentías ganas de saltar, correr, brincar en la calle? ¿Tal vez ganas de dar vueltas y despeinarte el cabello? ¿Los demás se veían mejor, actuaban más agradablemente, lucían hermosos, porque tu estabas enamorado? ¿Y qué me dices de jugar? ¿No tenías ganas de quedarte en casa y jugar con tu amor en lugar de ir a trabajar o a la escuela? ¿Y no querías acostarse temprano? ¿Recuerdas que te arreglabas y querías lucir agradable porque te sentías tan bien? ¿Te sentías como si pudieras hacer cualquier cosa porque tenías a alguien a tu lado? ¿Y qué me dices de sentirte bien cuidado, apoyado, protegido? ¿Y qué de sentirte necesitado, querido, valorado? ¿Y no te hacía sonreír sólo pensar que alguien te amaba? ¿No te hacía sentir joven otra vez? Bueno, entonces, ¿por qué piensas que los jovencitos no saben cuando ellos están enamorados?

El amor llega en todas las edades.

Si no la lanzas, no podrán agarrarla.
—Lefty Gómez

Tenemos una capacidad ilimitada para amar. Realmente, amar no es algo que hacemos a o por otras personas. Es una bendición, un regalo que nos damos a nosotros mismos. El amor nos abre a un sinfín de posibilidades. Aumenta nuestros recursos y nuestra capacidad de dar. El amor afina nuestra frecuencia de vibración, lo que nos permite crear. El amor nos mantiene vivos mucho después de que nos hayamos ido y le da significado a lo que somos, a lo que hacemos y a cómo lo hacemos. Lo único que limita nuestra capacidad de amar son las condiciones que le ponemos al amor. Cuando el amor se basa en lo que obtenemos o cómo lo obtenemos, la habilidad de nuestro amor se atrofia. Cuando amamos bajo circunstancias y no a pesar de ellas, nuestro amor se limita. Cuando amamos lo que fue y no lo que es, no tenemos una idea verdadera de lo que es el amor. Cuando amamos sólo por amar, ofreciendo lo que somos sin excusas y sin pedir perdón, tomando lo que llega y aprovechándolo lo mejor posible, abrimos nuestras almas a las abundantes bendiciones de las fuerzas más poderosas de la vida.

Hoy vertiré amor dentro de cada persona y de cada cosa.

Cada uno hemos nacido con una capacidad ilimitada para el placer y la alegría.

—Sondra Rey

La relaciones no suceden así como así. No importa cómo conocemos a nuestra pareja o quien hace la presentación, nosotros creamos todas las relaciones que experimentamos. Cada uno tenemos la capacidad de atraer hacia nosotros la relación precisa que necesitamos. Por desgracia, la mayoría no estamos dispuestos a hacer el esfuerzo. Debemos comenzar el trabajo mirando al "yo interior" y dándonos cuenta precisa de cómo éste siente. No podemos esperar atraer una pareja amorosa y generosa si nosotros sentimos ira y somos mezquinos. Debemos dejar de echarle la culpa al pasado por cómo somos hoy. Donde quiera que estemos, lo que tenemos o no tenemos no es culpa de nadie, sino nuestra. Si por casualidad alguien contribuyó a aumentar el enredo que estábamos creando, perdónales el enredo y sigue por tu camino. Finalmente, debemos dar gracias por todo lo que hemos sido; por todo lo que hemos tenido; por todo lo que hemos logrado llegar a ser. Cuando sacamos los límites, las restricciones y los temores de nuestros corazones, nuestra copa de amor se desbordará.

Me buscaré a mí mismo antes de buscar amor.

Tu compañero es tu espejo.

Muchos de nosotros creemos que somos dichosos o bendecidos cuando encontramos la persona justa para amar. A estas alturas ya sabemos que nada en la vida es accidental, inclusive la selección de nuestra pareja. Las personas que llegan a nuestra vida son un reflejo de quienes somos. Ellos nos revelan esas cosas que no podemos ver o que nos negamos a ver en nosotros mismos. Lo que no nos gusta de nuestra pareja es lo que tenemos que cambiar en nosotros. Lo que amamos en la otra persona es una valiosa característica escondida, poco desarrollada o no reconocida que nosotros tenemos. Sólo podemos atraer a nosotros aquella gente que está en nuestra onda, nuestro nivel de energía y desarrollo. Ellos reflejan a su vez, hacia nosotros, las mismas cosas que nosotros hacemos. La mayoría rechazamos esta idea. Pero también la mayoría de nosotros rechazamos las críticas. Encontramos difícil aceptar esas cosas acerca de nosotros que los demás ven. Nosotros sí nos sentimos, sin embargo, completamente justificados cuando criticamos a nuestras parejas. He aquí una pregunta para ti: ¿Cómo sabrías cómo llamar a lo que ves en tu pareja a menos que lo hayas visto en otro lado?

Yo estoy mirando en el espejo del yo interior y haciendo arreglos en mí.

La persona que quiere cambiar a otra persona en una relación básicamente está poniendo las bases para una gran cantidad de problemas.

—Wesley Snipes

Muy a menudo entramos en relaciones con la idea de que podemos mejorar nuestra pareja. Vemos sus fallos o defectos y nos echamos encima la responsabilidad de ayudarle a arreglar lo que está mal. Nuestra tarea en nuestras relaciones no es arreglarnos uno al otro. Nuestra tarea es amar lo que vemos y apoyarnos uno al otro para hacer lo mejor que podamos. Arreglar es decir lo que está mal, por qué y cómo arreglarlo. Apoyar es permitirnos tomar nuestras propias decisiones, estar ahí por si las cosas salen mal y apoyarnos para hacer las cosas mejor la próxima vez. Arreglar es forzarnos a hacer las cosas a la manera de ellos cuando la manera nuestra no funciona. Apoyar es compartir con nosotros sus necesidades y confiar en que las tomaremos en consideración. Arreglar es molestar. Apoyar es cuidar. Arreglar es ira cuando llegan los malos ratos. Apoyar es saber que las cosas mejorarán. Apoyar es vernos como realmente somos. Arreglar es ver en ellos lo que nos negamos a ver en nosotros mismos.

Yo te amo y te apoyo exactamente como eres.

Escoge casarte con una mujer a la que habrías escogido como amigo si ella fuera hombre.

—Joseph Joubert

A menudo tenemos expectativas tan irrealistas de nuestras parejas que es como si quisiéramos que ellos fallaran. Queremos que sean, que actúen y que se comporten como un modelo ideal que hemos fabricado en nuestras mentes. El problema es que nunca les revelamos cuál es ese modelo. Los hacemos responsables de satisfacer nuestros deseos, pero nos olvidamos de decirles cuáles son nuestros deseos. Debemos recordar que nuestras parejas son personas. No son adivinos. Estamos buscando desilusionarnos cuando no compartimos con ellos nuestras expectativas. Nos quejamos a los amigos, los comparamos con miembros de la familia; ¿por qué no hablarle a la única persona que probablemente podría poner en claro las cosas? Debemos hablarles a nuestras parejas como si fueran nuestros amigos. Revelarles esas partes de nosotros que hemos escondido del mundo. Y si en el fondo de nuestros corazones no podemos hacer eso, necesitamos preguntarnos, "¿Por qué estoy con esta persona?"

No sólo quiero una pareja, quiero un amigo.

Si sabes lo que quieres, lo reconocerás cuando lo veas.
—Bill Cosby

Cuando nos convencemos de que no podemos encontrar la pareja adecuada, tratamos de convertir a la pareja que tenemos en la que queremos. Hay dos maneras de hacer esto. Primero, necesitamos ver a quién tenemos y decirnos que es una persona diferente. La otra manera es tratar de arreglar lo que tenemos. Ninguna de las dos maneras funciona. Cuando no somos honestos con nosotros mismos acerca de quién es realmente nuestra pareja, acabamos desilusionados o desengañados. No es culpa de ellos, es nuestra. Debemos estar claros acerca de lo que queremos de una relación, ya sea ésta social, de negocios o íntima. Entonces debemos tomar la decisión de esperar por exactamente lo que queremos. Si quien tienes no es lo que quieres, ¡dilo! No es nuestra tarea cambiar a la otra persona. Si compramos un par de zapatos y no nos sirve, ¿debemos usarlos y sufrir o llevarlos de vuelta a la tienda?

Quien quiero es lo suficientemente importante para mí como para esperarlo.

¿Te casarías contigo mismo?

Siempre estamos buscando la relación perfecta. La meta es encontrar ese ser perfecto que hará de nuestras vidas algo más agradable. Es una lástima que no nos demos cuenta de que la perfección signe dos caminos. Para encontrar a ese alguien perfecto, debemos creer que, por perfecto que sea, ya lo hemos logrado. Nadie puede darnos lo que no tenemos ya. El Señor Ideal o la Señora Ideal no pueden ser para nosotros lo que no somos para nosotros mismos. Si somos infelices, si estamos insatisfechos, si no estamos felices con quienes somos, nuestro deber es dejar de buscar. Tenemos que preguntarnos: ¿Me casaría yo conmigo? ¿Estoy haciendo mi mejor esfuerzo, dando todo lo que tengo, siendo lo mejor que puedo para mi mismo? Si no, ¿por qué estamos tratando de que otra persona nos acepte? Tenemos que tomar el tiempo para trabajar en nuestro autoamor, nuestra autoestima y nuestra autoconfianza. Cuando podamos pasar la prueba de la autoaceptación, ese alguien perfecto que cumplimentará todo eso que ya somos entrará en nuestra vida.

El amor y la armonía que tengo por dentro, sale hacia afuera y atrae a mi pareja.

No envidies al opresor, y no escojas ninguna de sus actitudes.
—Proverbios 4:31

Cuando alguien te hace daño, parece que lo más natural es que tú hagas lo mismo, ¿no es cierto? ¡Te equivocas! Nunca puedes desquitarte con alguien que te ha hecho daño. Cualquier intento por hacerlo te coloca en desventaja, otra vez. La suma de dos equivocaciones nunca da nada correcto. Ni tampoco puedes arreglar un mal cometiendo otro. Tal vez puedas justificar tus acciones política o socialmente, pero desde el punto de vista espiritual serás responsable por lo que haces —no importa por qué lo hagas. El péndulo de la vida oscila de un lado al otro y trae recompensas a ambos lados del espectro. Si usas tu mente, tu tiempo y tu energía para hacerle daño a alguien, el péndulo, tarde o temprano, se moverá hacia ti. Si tus cuentas están claras, no tendrás por qué temer que el péndulo te tumbe cuando se mueva hacia ti.

Yo ajusto todas mis cuentas en el juzgado de la justicia universal.

¡Suelta!

Cuando creemos que estamos perdiendo el control, nos agarramos fuertemente. Si queremos evitar el dolor, nos agarramos como si en ello nos fuera la vida. Cuando tenemos miedo de perder algo, de lucir mal o de ser abandonados, nos agarramos con fuerza. Cuando lo que más tememos viene hacia nosotros, apretamos los puños y los dientes, cerramos los ojos y nos agarramos con fuerza. Debemos aprender cómo soltar y dejar ir. Tenemos la capacidad de vivir a través de cualquier adversidad si, sencillamente, dejamos ir. No podemos detener el tiempo o el destino. Lo que sea que vaya a pasar, ya ha pasado; debemos aprender a ver cómo se termina. Cuando nos agarramos, prolongamos el dolor. Cuando nos sembramos en una situación, debemos sacar las raíces. Cuando llega el momento de crecer y cambiar, debemos tener el valor y la fe para soltar y dejar ir.

Cualquier cosa que sale de mi vida deja espacio para algo mejor.

Si no puedes encontrar paz dentro de ti mismo, nunca la vas a encontrar en ningún lugar.

—Marvin Gaye

¿De dónde sacamos la idea de que si una relación o un matrimonio termina, ha sido un fallo nuestro? El final de una relación no es una señal de fracaso personal. En realidad, es un paso valiente. Es un gesto cariñoso. Es un movimiento responsable. Se necesita valor para admitir que una relación no está funcionando. Cuando estamos enfrascados en una relación que no funciona, puede ser muy doloroso. Debemos amarnos a nosotros mismos y a nuestras parejas lo suficiente como para querer que ellos no permanezcan en una situación que está causando dolor. Cuando estamos dispuestos a tomar responsabilidad personal y dar los pasos necesarios para liberarnos del dolor de una relación, estamos mostrando que estamos dispuestos a crecer. Mirando las cosas desde esta perspectiva, ¿cómo podemos considerarnos fracasados? Llega un momento en toda situación en el que se deben tomar decisiones difíciles. Tomar las decisiones tal vez nos haga sentir desgraciados; pero no tomarlas es lo que nos convierte en miserables; fracasados.

Yo no soy un fracasado. Estoy poniendo fin a una relación.

Puedes aprender mucho del rechazo.
                                    —Linda Alvarado

A nadie le gusta que lo rechacen, pero el rechazo no significa que hay algo malo en ti. Un rechazo a tiempo te puede evitar mucho dolor más tarde. También hay esos momentos en los que lo que tienes no es lo que realmente deseas, pero te convences de que tienes que conformarte con eso de todas formas. Bueno, si la otra persona te rechaza, te salvas de tener que escapar. El rechazo sólo es dañino cuando comienzas una relación pensando que te falta algo. Cuando comienzas una relación necesitado e insatisfecho, el rechazo puede ser un golpe que te cause daño. En esas situaciones no debes alejarte sintiéndote derrotado y temeroso; debes preguntar qué es lo que tiene esta persona y por qué tú crees que no vas a poder encontrar eso en ningún otro lugar. Si entiendes que sólo puedes atraer hacia ti lo que ya posees, puedes ver el rechazo bajo otra luz. Cuando comienzas cualquier relación, quieres ser y sentirte lo mejor que puedas. Si te rechazan, puede que eso quiera decir sencillamente que te queda un poco más de trabajo por hacer.

Cuando me acepto, nadie puede rechazarme.

Nadie puede mirar su reflejo en un agua que corre. Es sólo en las aguas tranquilas donde podemos ver.

—*La sabiduría de los taoístas*

El divorcio o la separación después de una relación larga crea muchos sentimientos. Uno de los más fuertes es "hay algo que anda mal conmigo". Si tu pareja se enamora de otra persona, o da lo que tú consideras una razón inaceptable para salir de la relación, los sentimentos de inadecuación se profundizan. ¿Por qué? ¿Qué hice yo? ¿Cómo puedes hacerme esto? En algún punto del proceso perdiste de vista el hecho de que la gente tiene derecho a cambiar de opinión. Tal vez tú no quieras que lo hagan. Probablemente no te agradará cuando suceda. Pero la gente tiene derecho a cambiar de opinión y eso no tiene que ver absolutamente nada contigo. El tiempo sigue adelante. La gente cambia. Al cambiar ellos, cambian sus necesidades. Cuando la gente tiene una necesidad, es su responsabilidad para con ellos mismos lograr que se satisfagan esas necesidades. Y eso no tiene absolutamente nada que ver contigo.

No hay nada que esté mal en mí.

17 de agosto

Pasa tiempo solo pensando objetivamente en la dirección que
das a tu vida.

—*I Ching (El Receptivo)*

Todo el propósito de la vida aquí en la Tierra es que la
gente sea libre. ¿Por qué entonces gastamos tanto tiempo
adquiriendo cosas para que nos den comodidad y nos aten?
Nuestras posesiones nos mantienen atados a trabajos, deudas, situaciones y condiciones. Gastamos un tiempo precioso
luchando unos con otros respecto a la manera adecuada de
luchar por la libertad que deseamos. Las mujeres quieren ser
libres. Nos sentamos sin hacer nada mientras los hombres
controlan los mercados, las industrias y los servicios que son
esenciales para nuestra sobrevivencia. Las mujeres se quejan
de que los hombres las oprimen; sin embargo, ellas se creen
aquellas cosas que los hombres dicen de ellas. Los hombres
quieren ser libres. El hombre en general se pasa su día vigi-
lando a alguien, preguntándose que es lo que alguien estará
haciendo, pensando que alguien está esperando la oportunidad de quitarle lo que él posee. ¿Cuál es el problema con
estas imágenes? Nunca tendremos la libertad mientras necesitemos que algo o alguien nos la dé. La libertad es un estado mental, no una condición tangible.

Yo rindo todo a mi libertad.

Para dejar ir, tienes que amar bastante.

Hay momentos en los que el amar a alguien significa que debemos dejarlos ir. No es saludable ni productivo quedarse en una relación que nos hace infelices a veces, o nos entristece la mayor parte del tiempo. Sin embargo, nos agarramos a ella. Nos agarramos a la creencia de que algo malo le va a suceder a la persona si lo dejamos o la dejamos ir. Ese es nuestro ego diciéndonos lo que queremos oír. Nos agarramos con el temor de que nadie más los amará a ellos o nos amará a nosotros del modo en que queremos ser amados. Esta vez, el ego nos está diciendo que no somos lo suficientemente buenos. Nos agarramos porque no sabemos quién o qué vendrá. Pensamos que no hay muchas parejas disponibles. Nos agarramos deseando, esperando, tratando de hacer que funcione —temerosos de que no funcionará. Cuando una relación se termina, se termina; pero el amor puede seguir. Amar a alguien significa que tú quieres que él o ella sea feliz. Si esa persona puede ser feliz sin ti, ama lo bastante como para dejarla ir.

Yo sé cuándo debo dejar ir.

Los amigos piden prestados tus libros y colocan sobre ellos sus espejuelos mojados.

—Edwin Robinson

A veces las personas que más nos importan son las personas a las que tratamos mal. No siempre es ésta nuestra intención ni deseo. A veces, sencillamente, lo hacemos sin pensar. En otras ocasiones lo hacemos porque sabemos que no nos va a pasar nada por hacerlo. Debemos aprender a valorar y a honrar esas bendiciones que llamamos amigos; son muy pocos. Ellos vienen a compartir una parte de la vida con nosotros. La manera en que los tratamos es un reflejo de nuestras ideas acerca de la vida. Cuando dañamos nuestras relaciones con abuso, abandono o acciones estúpidas, nos separamos del apoyo que nos ayuda soportar la vida. Cuando no somos capaces de nutrir nuestras amistades, es una señal de que no nos nutrimos a nosotros mismos. Cuando tratamos a nuestros amigos con amabilidad y respeto, ellos tienen la obligación de hacer lo mismo. Cuando tenemos una alta estimación de nuestras amistades, aprendemos a sentirnos bien respecto a nosotros mismos. Cuando valoramos a nuestros amigos y la relación con ellos, ellos lo saben, y harán lo más que puedan para mantener las cosas a su nivel.

Yo trataré a mis amigos tan bien como me trato a mí mismo.

Tu mejor amigo es el espejo.

—Proverbio boliviano

Un amigo, un verdadero amigo, alguien a quien amas y en quien confías, te va a decir todas las cosas que no quieres saber de ti mismo. Un amigo te dice cuando tienes razón y te ayuda a entender cómo podrías estar equivocado. Un amigo gritará y peleará, pero cuando lo necesites, estará junto a ti. No puedes mentirle a un amigo ni te miente. Ella o él sabe tus secretos y no se los dice a nadie. Un amigo nunca juzga, sin embargo, te dejará saber cuando estás haciendo eso "otra vez". Un amigo ve tus errores y, sin tratar de cubrirlos, te guia en otra dirección. Un amigo te hala, te empuja y te conduce con mano fuerte. Justamente en el momento en que crees que estás a punto de dejarte caer, él saca las curitas, pone las vendas y comienza a apoyarte de nuevo. Un amigo siempre dice cosas que no tienen sentido hasta que escuchas a un extraño decir lo mismo. Con un amigo puedes mirar y verte a ti mismo y saber que vas a estar bien.

Cuando veo a mi amigo, me veo a mí mismo.

La suegra nunca se acuerda de que ella fue nuera.
—Proverbio venezolano

Madres e hijas tienen muchos obstáculos que superar. Hay el punto de vista de la madre, y el punto de vista de la hija. Hay la opinión de la madre, la opinión de la hija. Hay el temor de la madre de que la hija no va a triunfar. Hay el temor de la hija de que no recibirá apoyo para lo que quiere. Hay el fastidio constante de la madre exigiendo que las cosas se hagan en la "manera correcta"; hay el punto de vista de la hija de que la manera de la madre no va a funcionar. Hay madres que no han madurado. Hay hijas que han madurado demasiado rápido. Entonces llegan los nietos, una oportunidad para que la madre empieza de nuevo, haciendolo mejor esta vez. Ahora hay una oportunidad para que la hija pruebe que los métodos de la madre no sirven. La madre se ve a sí misma en la hija —hay orgullo y celebración. La hija no quiere ser de ninguna manera como la madre —hay desilusión y vergüenza. Madres e hijas se reflejan unas a otras, se repelen unas a otras, sin embargo, a pesar de todo eso, se aman unas a otras. A veces deberían decírselo unas a otras.

Yo soy la hija de mi madre.

Sobrevivimos a la esclavitud porque nos agarramos los unos a los otros. En el momento en que encontramos la independencia, comenzamos a suicidarnos.

—Dr. Tesehloana Keto

Hay un principio metafísico que dice que sea lo que sea lo que le hagamos a alguien, en realidad lo hacemos a nosotros mismos. Este principio apoya la regla dorada de "haz a los demás como quieres que te hagan ti mismo". Olvidamos esto y cuando lo hacemos creamos un desequilibrio en nuestro propio ser. Cuando difamamos a alguien, hablamos mal de nuestro yo interior. Cuando hacemos tratos deshonestos con alguien, estamos engañando a nuestro yo interior. Cuando abusamos, abandonamos o descuidamos a otra persona, lo estamos haciendo a nuestro yo interior. ¿Por qué? Porque estamos conectados por la única fuente Creativa. Esta fuente crea una responsabilidad y una dependencia mutua entre las personas. En el momento en que permitimos que el yo interior crea que puede funcionar sin los demás, creamos el tipo de soledad, de depresión y de desconexión que le quitan todo valor a la vida.

Yo estoy unido a la Fuente. Yo estoy unido a la humanidad.

Siempre eres más eficaz no trabajando más duro, sino trayendo equilibrio a tu vida.

—Enrique Guardia

Uno de los grandes fallos de nuestras relaciones es apoyarnos en el potencial de otra persona. Nos tomamos el trabajo de entender lo que otra persona debe, puede y tiene la habilidad de hacer, pero que no está haciendo. Muy a menudo lo que vemos de la otra persona nos impide ver que la persona no está haciendo nada. Padres, amigos y cónyuges han perdido millones de dólares y tiempo valioso diciendo, "Veo lo bueno en ti." Por lo general deseamos tanto para nuestros seres queridos que nos olvidamos de preguntarles lo que ellos quieren para sí mismos. Tú no puedes querer para una persona más de lo que ella quiere para sí misma. Si ellos lo quieren, es su tarea salir y conseguirlo; tú no tienes por qué conducirlos o llevarlos a encontrarlo. No te preocupes con lo que alguien pudiera hacer; presta mucha atención, escucha atentamente a lo que hacen y dicen en este instante.

Yo te veo en este momento.

La independencia emocional comienza con el desarrollo de los recursos internos.

—Anónimo

Nos han enseñado que una relación es un negocio al cincuenta por ciento. Un concepto más adecuado es que dos personas incompletas pueden unirse y completarse mutuamente. Esta es una premisa falsa que ha tenido un impacto desastroso en nuestras relaciones. Cada persona debe llegar completa a una relación, capaz de manejar esa responsabilidad; dispuesta a compartir la responsabilidad del crecimiento mutuo. Las relaciones al cincuenta por ciento por lo general no funcionan. La premisa es sencilla: ¿Qué pasa si a las dos partes les falta lo mismo? Una relación no debe ser una muleta. Queremos desarrollar uniones complementarias en las que las habilidades y las debilidades encuentran apoyo. Queremos ser capaces de pararnos por nosotros mismos, pero pararnos un poco más empinados en una relación. Queremos traer una identidad a la mesa del amor y reflejarla hacia nosotros con más brillantez. En una relación, dos mitades no hacen un todo, y no podemos permitir que nadie se haga responsable de completarnos.

Yo estoy trayendo un cien por ciento de lo que soy a la mesa del amor.

En realidad hay una diferencia muy pequeña entre la gente; se llama actitud; y hace una gran diferencia. La gran diferencia es si es positiva o negativa.

—W. Clement Stone

No siempre la gente quiere hacerte daño, pero hay momentos en que sí. Lo más probable es que esa persona haya estado cerca de ti —el mejor amigo, un familiar, un amante, un hijo o un cónyuge. Es aún más probable que tu amaras y confiaras profundamente en esa persona. Tal vez te traicionaron. Te abandonaron. Te robaron. O no te devolvieron el compromiso emocional que tú hiciste. No importa cuán traumático haya sido el daño o el fin de una relación, lo bueno siempre pesa más que lo malo. Si tienes un mal recuerdo, tienes dos recuerdos buenos. Si aprendiste algo nuevo acerca de ti mismo o de otra persona, ahora sabes más de lo que sabías cuando comenzaste. Si aprendiste en esta relación lo que no debes hacer en la próxima, has ganado algo. Si aprendiste a tener paciencia, fe, confianza, humildad o a saber lo fuerte y poderoso que eres, posees tesoros que nunca habrás de perder.

La diferencia entre yo y ellos es que yo soy positivo.

Es tu deber moral ser feliz; sin embargo, no puedes ejercitar este deber aferrándote a creencias poco realistas, luchando con asunciones imposibles, manejando imágenes dolorosas, saltando a falsas conclusiones, corriendo con decisiones impulsivas o desarrollando juicios apresurados.

—Sufi Hazarat Inayat Khan

Demasiado a menudo esperamos que la felicidad llegue como resultado de nuestras relaciones y no que sea una premisa sobre la cual construir una relación. Si realmente quisiéramos ser felices. no estaríamos tan dispuestos a sacrificar la felicidad por las insensateces —los celos, el afán de posesión, la ira, el miedo o cualquier otra función del ego. La insensatez nos hace totalmente miserables. La felicidad exige que seamos honestos, confiados, confiables, respetuosos y mutuamente considerados. No podemos alcanzar la verdadera felicidad cuando alimentamos insensateces en nuestros corazones y nuestras mentes. Individual y colectivamente, debemos trabajar para purificarnos antes de comenzar una realización. Si esperamos hasta que estemos en el proceso y abriéndonos paso a través de la insensatez, el ego estará listo para erosionar la felicidad que buscamos.

Yo ejerceré mi deber de ser feliz.

Si quieres saber el final, mira el principio.
—Proverbio africano

Donde quiera que se encuentren tu corazón y tu mente al comienzo de una relación, allí es donde estarán al final. Lo que traigas a una relación en su comienza, es lo que tendrás que recoger cuando se termine. No puedes comenzar una relación con deshonestidad y engaño y esperar tener un final honesto. Si corres hacia una relación para escapar de otra, correrás hacia otra para escapar de ésta. Si comienzas una relación con miedo, ira o angustia, es muy probable que encuentres más de lo mismo. Si comienzas una relación con tristeza, desesperación y dolor, ¿sabes qué? Los vas a encontrar otra vez. Si no queremos más separaciones llenas de ira, amargas y desagradables, debemos comenzar nuestras relaciones con la abierta y amorosa honestidad que decimos desear. Si nunca sabemos quiénes somos ni cómo nos sentimos, lo mejor es que nos quedemos solos.

Yo seré mejor al comienzo para evitar algo peor al final.

Cualquier cosa muerta que regresa, duele.
—Toni Morrison, *Beloved*

Si sigues arreglándote y peleándote con la misma persona, lo más probable es que vayas a terminar herido. La gente se une en una relación para aprender. Una vez que hayas aprendido tu lección, es tiempo de seguir adelante. Aprende la lección de la última vez y avanza hacia algo nuevo. Si insistes en beber de la misma copa usada, al final te vas a emborrachar. Puedes hacer las mismas cosas de siempre de tantas formas diferentes que llegas a no tener idea de lo que estás haciendo. ¿De cuántas formas diferentes puedes llorar? ¿De cuántas formas diferentes puedes sentir dolor? ¿De cuántas maneras diferentes puedes convencerte de que tú puedes hacer que esto funcione? Cuando una relación se termina, debes aprender a soltarla. No importa cuánto ames a la otra persona, o cuánto temor tengas de que nunca amarás otra vez, tú no puedes sacarle jugo a un pedazo de fruta seca, así que ni te molestes en intentarlo.

Cuando algo se ha terminado, pongo mi atención en lo próximo.

¿Es esto amor? ¿Es esto amor? ¿Es esto amor? ¿Es esto amor lo que estoy sintiendo?

—Bob Marley

¿Cómo sabes cuando estás realmente enamorado? Ante todo, no tendrías que preguntártelo. Amar es saber, no es una condición ni un estado mental. Cuando amas, no dudas, ni juzgas, ni temes; estás en un estado de aceptación. Primero te aceptas a ti mismo, por quién eres y por lo que eres, y luego a la persona que amas, sin reservas. Tú no debes arreglar a esa persona, cambiarla, controlarla, ni ayudarla. Tú quieres para la persona que amas exactamente lo que ella quiere para sí misma. Cuando estás enamorado, te sientes vulnerable y sabes que eso está bien. No escondes tus sentimientos, no los cambias para que se adapten a lo que crees que quiere la otra persona, y no cuestionas lo que sientes. Cuando estás enamorado das, sin esperar nada a cambio, ni siquiera amor. El amor es un proceso interno entre ti y tú mismo que tú deseas compartir con alguien, con todos. El amor es libre. Si tu meta es poseer, controlar, agarrar, proteger o cuidar a alguien, esa otra persona no puede ser libre y tú no estás enamorado. El amor nunca se equivoca y casi nunca tiene la razón. El amor, sencillamente, es.

El amor está en mi centro.

Cuando el autorespeto ocupa el lugar que le corresponde en el alma, no permitirás que nadie te manipule.

—Indira Mahindra

Amar, querer o estar con otra persona no es ninguna razón para abusar, descuidar o faltarte el respeto a ti mismo. En todas nuestras relaciones, sólo podemos dar lo que tenemos. Cuando tenemos un sentido de nuestro ser, una conciencia honesta de nuestras necesidades, un concepto claro de lo que queremos, podemos respetarnos a nosotros mismos. Nosotros indicamos la forma en que queremos que nos traten, y es nuestra responsabilidad asegurar de que cualesquiera que lleguen a nuestras vidas nos traten tan bien o mejor de lo que nos tratamos nosotros mismos. Si no somos honestos con nosotros mismos, ¿cómo podemos esperar que otros sean honestos con nosotros? Si no nos cuidamos y no nos apoyamos, ¿como lo vamos a esperar de otra persona? Si no esperamos y no damos lo mejor de nosotros, ¿de dónde creemos que va a venir? Nuestras relaciones son un reflejo de las relaciones que tenemos con nosotros mismos.

Si yo me amo, me honro y me respeto —tú debes hacer lo mismo.

No puedes expulsar fuera de tu corazón y tu pensamiento a un ser querido.

—Betsey Salunek

No importa lo que te hayan hecho y dicho, no puedes dejar de amarlos. No importa cuánto te desilusionan, te descuiden o te abusen, si piensas que los amas, probablemente los amas. No importa lo que los demás digan de ellos, cómo se sienten los demás respecto a ellos y lo mal que tú te sientas respecto a ellos; si los amas, admítelo. No te digas a ti mismo que no amas a alguien si sí lo amas. Lo que tal vez quieras hacer es tomar una decisión acerca de si quieres que esta persona sea parte de tu vida. No es necesario dejar de amar a alguien que no te gusta para tu vida. Tú puedes escoger el tipo de relación que deseas tener con las personas que amas. Las puedes amar desde lejos. Las puedes amar y no vivir con ellas. Las puedes amar con lo más profundo de tu ser y decidir seguir tu camino. Puedes tratar de entender por qué las amas, de entender si las amas, y aún así seguir tu camino. Las puedes amar por quiénes son y por lo que son y dejar de quejarte.

Yo puedo escoger cómo quiero amarte.

Yo soy lo que soy. Tómame o déjame sola.

—Rosario Morales

En tu vida hay personas a las que nunca puedes complacer no importa lo que hagas. Siempre hay algo que anda mal contigo, con el mundo y con ellos. La crítica es la manera en que lloran los adultos. Cuando sufrimos, nada parece ni se siente bueno, sobre todo esos que nos rodean. Nos expresamos violentamente porque no podemos ponernos a tono con lo que estamos sintiendo. La crítica es nuestra manera de decir que algo anda mal en nosotros y lo vemos en ti. No te des por aludido cuando un ser querido te critica continuamente. Nunca están disgustados por la razón que dicen que lo están, y sea lo que sea, no es tu problema. No respondas con violencia cuando te critiquen. Recuerda, estás junto a alguien que sufre. Sé amable con ellos, quiérelos, pídeles gentilmente que te hablen de lo que realmente están sintiendo.

Yo me siento bien conmigo mismo.

2 de setiembre

Cuando una puerta se cierra, otra se abre.
—Folklore afroamericano

Mucha gente pregunta, "¿Por qué no puedo encontrar una buena relación?" Tal vez es porque todavía no has finalizado verdaderamente la anterior. En nuestras mentes y en nuestros corazones nos agarramos a ciertas personas mucho después que se han ido. Puede que nos agarremos a la ira, al sufrimiento y al dolor. Puede que estemos guardando pensamientos de venganza y destrucción. Nos agarramos a recuerdos románticos y momentos especiales usándolos como una regla para medir a cualquiera que llegue a nuestras vidas. Nos agarramos a nuestros corazones, protegiéndolos del dolor, a nuestras mentes llenas de recuerdos y dudas. Creemos que nuestros sueños se han destruido y que nunca se harán realidad. Agarrándonos a todas estas cosas, ¿cómo van a poder los demás llegar a conocer nuestros corazones? Debemos aprender cómo cerrar la puerta a las viejas relaciones. Debemos separar la basura, salir de los desperdicios y refrescar nuestros corazones y nuestras mentes para recibir a un nuevo invitado.

Yo estoy cerrando la puerta al pasado.

Si crees que tú tienes la culpa de todo lo que sale mal, tendrás que quedarte hasta arreglarlo.

—Zora Neale Hurston

Algunos de nosotros, sobre todo las mujeres de color, nos disponemos a ser mártires. La culpa es nuestra. Es un error nuestro. Parece que no podemos hacer nada bien hecho, y por eso no lo hacemos. Creamos enredo tras enredo, crisis tras crisis. Esto permite que los demás nos pisoteen. ¡Buena idea! Mientras nos echen la culpa, no podemos ser responsables por lo que no logramos. Estamos demasiado ocupados solucionando el enredo, pensando qué hacer, o si debemos hacer algo. Mientras tengamos algo o alguien a quien arreglar, no podemos arreglarnos nosotros. Nunca arreglaremos el temor a nuestro poder. Nunca arreglaremos el temor a nuestra belleza. No podemos arreglar nuestro dolor o nuestra confusión o nuestros desesperados sentimientos de aislamiento. No tenemos que enfrentarnos a nuestros temores ni tratar de arreglarlos; después de todo, es culpa nuestra que seamos así. Mientras podamos cargar con la culpa, nunca tendremos que enfrentar el pensamiento de que los demás deben compartir la responsabilidad de llevar a cabo las cosas.

Lo único que arreglaré hoy es a mí mismo.

Es triste no ser amado, pero es mucho más triste no ser capaz de amar.

—Miguel de Unamuno

No hay nada más devastador para la mente humana que un corazón destrozado. ¡El me hizo daño! ¡Ella me botó! ¡El me pego los cuernos! ¡Ella me mintió! ¡No puedo comer! ¡No puedo dormir! ¡Veo su rostro! ¡Oigo su voz! ¡Por favor, hazlo que me llame! ¡Tengo que verla! ¡Espera! ¡Aguanta! ¡Los corazones no se destrozan! Amamos con nuestras cabezas, no con nuestros corazones. Desarrollamos una idea de lo que debe ser una relación, de cómo debe comportarse nuestra pareja y de lo que queremos sentir en el proceso. Si las cosas no salen como planeamos, nuestros corazones se destrozan. Hay un secreto en esto del amor —debemos aprender cómo amar honestamente sin ideas preconcebidas. Amar honestamente significa ser quienes somos, aceptar a nuestras parejas por quienes son; no exigir nada a cambio de nuestro amor. En estas condiciones, si las cosas no salen bien, eso no tiene nada que ver con nuestros corazones; son nuestras malas elecciones las que están dando sus resultados. Lo único que podemos hacer por un corazón destrozado es arreglar nuestra cabeza.

No se puede romper mi corazon.

La única manera de encontrar paz en una relación es saber cómo ponerle mantequilla a tu propio pan.

—Ra-Ha

Si estás en una relación que te causa desequilibrio y angustia, termínala. Si tienes una relación que no te apoya o que reduce tu energía, déjala. Si tienes una relación en la que tú das más de lo que recibes, en la que no se respeta lo que das, en la que la seguridad que buscas te está costando paz mental, no tienes nada más que perder —así que termínala. Nos unimos en relaciones para crecer, no para vivir infelizmente. Nuestras relaciones deben sostenernos, darnos energía y contribuir a nuestro crecimiento. Cuando no lo hacen, nuestro crecimiento se atrofia, nuestra energía se acaba y nuestra personalidad se distorsiona. Una relación sólida, llena de amor y de apoyo es como una inyección de vida. Es una fuente de inspiración, ofrece una chispa de motivaciones para estimularte a avanzar al máximo de la evolución de tu ser. Si tienes una relación en la cual estás feliz a veces, triste la mayor parte del tiempo, luchando por saber qué hacer y cómo prolongarla, no estás bien.

Yo sé cuando renunciar.

Haz que todas tus relaciones tengan un nivel de "ocho", por lo menos.

—John Salunek

En una escala de uno a diez, el diez siendo lo mejor, queremos vivir lo más cerca posible del diez. Queremos dar y recibir lo mejor en nuestras relaciones. Ya sea una amistad, una aventura amorosa o una relación de trabajo, no debemos permitir que la mediocridad sea la regla. Cuando no tenemos normas para medir, nuestras vidas se llenan tanto de gente, de exigencias y de expectativas sin realizar que corremos el riesgo de perdernos a nosotros mismos. Una relación de "ocho" es una en la que hay apoyo mutuo y respeto. Podemos ser quienes somos y saber que somos aceptados sobre esa base. Hay objetivos comunes; inclusive cuando no estamos de acuerdo en el método, podemos apoyar el intento. En una relación de "ocho" damos por el placer de dar. Compartimos para crecer mutuamente. Damos y recibimos honestidad total. Tomamos lo que necesitamos y no dejamos de dar a cambio. Una relación de "ocho" es una en la que no trabajamos para que funcione. Trabajamos con ella y por ella, esforzándonos por lo mejor como un beneficio mutuo. "Uno" significa que no tienes una relación. "Seis" es que a penas la tienes. Un "ocho" significa que estás definitivamente en camino de la cumbre.

No hay razón para que me conforme con menos.

La vulnerabilidad es el regalo que les doy a aquellos en quienes confío cuando yo confío en mi mismo.

—Terry Kellogg y Marvel Harrison

El hecho que alguien sea agradable y no nos pide nada a cambio, eso no significa que algo anda mal con esa persona. A menudo es difícil para nosotros creer que podemos gustarle a la gente sencillamente por quienes somos. Benny, un hombre blanco, estaba dispuesto a darle a Frank, un hombre negro, un riñón. Frank no lo aceptaba. Había conocido a Benny sólo tres semanas. Frank sabía muy poco de Benny. Pero sabía que Benny debía estar ocultando un plan. Nadie da un riñón por nada. Frank confrontó a Benny con su enojo, su sospecha y su miedo. Tranquilamente Benny le respondió, "Sé que te gusta ir de pesca. Sé que eres un buen padre y un esposo cariñoso. Lo sé porque eso es lo que me has mostrado. Basado en lo que he visto, sé que no mereces morir." Frank aceptó el riñón. Benny se mudó para Arizona y nunca vio a Frank otra vez.

Las bendiciones vienen en todos los colores. Yo recibo las que me merezco.

El amor crea un "nuestro" sin destruir el "mi".
—Leo Buscaglia

El amor se trata de gente que se une para apoyarse mutuamente. Todos los truquitos y jueguitos que juegan para satisfacer sus necesidades son sólo eso, trucos y juegos. Sería tanto más fácil si nos diéramos más valor y confiáramos lo suficiente en nuestras parejas como para pedirles lo que necesitamos. En vez de eso, esperamos por que ellos lo adivinen; si no lo hacen, las hacemos responsables. ¡Que truco tan cruel! Cuando dejamos que nuestras parejas sepan desde el principio lo que necesitamos, tenemos más posibilidades de satisfacer la necesidad. Debemos saber que nuestras necesidades son importantes. Ya sean abrazos o besos, masajes en los pies, palabras cariñosas o sirope de chocolate y crema batida, nuestras necesidades sí importan. Cuando les dejemos saber a nuestras parejas lo que necesitamos, debemos aceptar su respuesta honesta respecto a si ellos pueden o no satisfacer esas necesidades. Si no pueden, debemos entonces decidir si estas son las personas que queremos en nuestras vidas.

Yo doy valor a mis necesidades dejando que mi pareja sepa cuáles son.

A veces la gente pasa demasiado tiempo tratando de decir lo que ellos creen que la otra persona quiere oír.
—Luis Lamela

La madre sabía que su hijo estaba involucrado con personas y asuntos indeseables. Ella no dijo nada cuando él comenzó a usar ropas caras. Desvió la mirada cuando él le mostraba el dinero. Dijo basta cuando encontró las ropas ensangrentadas y la pistola en el sótano. A la mañana siguiente llamó a la policía e hizo que arrestaran a su hijo. Cuando la trabajadora social le preguntó cómo se sentía respecto a lo que había hecho, ella respondió, "Se me hace más fácil visitarlo todas las semanas en la cárcel que lo que habría sido para mí tener que dar un solo viaje al cementerio." En todas nuestras relaciones llega el momento en que tenemos que hacer lo que sabemos que es correcto. Si amamos a alguien, queremos lo mejor para ellos. Tal vez eso no los haga felices; probablemente no será fácil; pero querer a alguien no significa dejar que se hagan daño. Y sin duda que no significa permitir que te hagan daño.

Por amarte no voy perderme.

Considera a aquellos a quienes llamas tus enemigos e imagínate
lo que ellos te deben llamar a ti.
                                        —Wayne Dyer

No puedes escoger un lado en un mundo redondo. O estás
en él, como parte de él, o estás fuera. Cuando tienes enemigos eres parte de las mismas cosas de que los acusas a ellos.
Un enemigo se opone a tus intereses o a tu posición. Un enemigo es hostil, grosero o poco amistoso. ¿Y qué haces tú
mientras pasa todo esto? Si los consideras tus enemigos,
¿cómo pueden acercarse a ti para aclarar las cosas? Tú estás
en el medio de lo que te separa de tu enemigo. No es lo que
ellos hayan hecho o dicho; eres tú. Son tus pensamientos, tus
ideas, tu miedo, tus censuras, y si no te hubieras sentido culpable, no habrías podido atacar a los que llamas tus enemigos. Crees que el enemigo está equivocado, que no se puede
confiar en él, que es indigno de amor; te preparas para
defenderte, proyectando en el enemigo las mismas cosas que
tú haces. Cuando tienes un enemigo, mira a tu propio odio;
trata de entender cómo la hostilidad te perturba y pregúntate, ¿realmente quiero atacar lo mismo que temo?

Los únicos enemigos que tengo son los que ataco.

El renacimiento humano no tiene fin.
 —Pablo Neruda

Todo el mundo necesita un poco de tiempo y de espacio para poder estar solos. En una relación se le llama a esto "la zona de peligro". Todos necesitamos esas cositas que son sólo nuestras. Puede ser un objeto, un lugar, una actividad o algo que no podemos compartir. En una relación esto puede lucir como "lo que es mío es de ellos". Todo el mundo tiene algo especial que le encanta hacer. En una relación esto se siente como "voy a salir sin ti". Si quieres que tu relación crezca y florezca y que tu ser querido siga siendo entusiasta y amable, dale tiempo, espacio y oportunidades de que vaya y entre en su propia mente.

Hoy voy a dejar que estés contigo mismo.

Cuando se pone a funcionar la ley del ojo por ojo, todo el mundo acaba ciego.

—Obispo Desmond Tutu

Sencillamente no puedes desquitarte con alguien por algo que te hizo. Busca la lección y sigue tu camino. Si un hombre te trata mal, te rechaza, te abandona, abusa de ti o te falta el respeto, no puedes hacer responsables a todos los hombres. Busca la lección y sigue tu camino. Si tu ex-esposa se llevó tu dinero, te mintió, descuidó tus hijos y tu hogar, eso no quiere decir que no se puede confiar en ninguna mujer. Busca la lección y sigue tu camino. Si algunas personas blancas son racistas; si algunas personas negras son ladrones; si algunos intelectuales son condescendientes; si algunas personas ignorantes son perezosas; si algunas personas de piel clara son arrogantes; si algunas personas de piel oscura son ignorantes; eso no te da el derecho o la autoridad de tratar a todas las personas que lucen igual o actúan igual de la manera que desees, basado en tus experiencias pasadas. Pregúntate, ¿Qué puedo aprender de esta situación? ¿Qué puedo hacer esta vez que no hice antes? Si no hay nada, sencillamente sigue en tu camino.

Yo estoy haciendo ahora mismo lo mejor que puedo.

¡Busca ayuda donde puedas encontrarla!
—Christy Haubegger, editora, *Latina* revista

A las mujeres de color se les ha hecho creer que ellas deben ser todo para todo el mundo. Resulta que no sabemos cómo pedir apoyo cuando lo necesitamos o lo queremos. Sentimos ira contra los demás cuando no están dispuestos a ayudarnos, pero debemos darnos cuenta de que la gente ni puede, ni sabrá, ni sabe cómo ayudar si nosotros no sabemos cómo pedir. Tómate sesenta segundos para ti y pregúntate lo que necesitas. Si es ayuda con un proyecto, un hombro sobre el cual llorar, algo especial que necesitas o que quieres para ti mismo, deja que otra gente te apoye. Juzgamos lo que otra gente puede hacer o hará y nos movemos de acuerdo a esas suposiciones. Nunca sabemos en realidad lo que una persona es capaz de hacer hasta que le preguntemos. Nada es demasiado grande o demasiado pequeño para pedirlo si lo necesitamos. Cuando no pedimos lo que necesitamos, la necesidad se hace cada vez más grande.

Si necesito ayuda hoy, la pediré.

Si puedes encontrar a alguien a quien realmente le puedas hablar, eso te puede ayudar a crecer en muchos sentidos.
—Stephanie Mills

Todos necesitamos tiempo, espacio y oportunidad para ventilar nuestra ira, nuestras frustraciones o nuestra insatisfacción con el mundo. Por desgracia, las personas más cercanas a nosotros son las que reciben las ráfagas de nuestras emociones cuando no nos liberamos de ellas. Si nuestros queridos nos tiran encima sus frustraciones, no debemos tomarlo de manera personal; y nunca, nunca debemos decirles que ellos realmente no se sienten así. Debemos aprender a honrar los sentimientos de los demás y apoyarlos cuando expresan cómo se sienten. Si nos dicen cosas que nos causan dolor o que son el producto de la ira, debemos separar la verdad de lo que no es real. Los padres deben encontrar una forma de expresar sus sentimientos sin desquitarse a costa de sus hijos. Si estamos cansados, debemos decirlo. Si estamos enojados, debemos dar un paseo antes de llegar a casa. Si nos permitimos decir lo que realmente sentimos cuando lo sentimos, y tratamos de escuchar y no de responder, probablemente tendríamos mucho menos por que pelear. Cuando expresamos lo que sentimos en el momento en que lo sentimos, no se mezclará con todo lo demás.

Hoy hablaré acerca de lo que siento.

Un amante celoso se convierte en un marido indiferente.
—Proverbio puertorriqueño

Sólo hay un poder y una presencia funcionando en nuestras vidas. Ese es el poder de la Fuente Creativa. Opera a través de nuestra conciencia. Atrae hacia nosotros y nos provee de acuerdo a cómo pensamos. Si no estamos conscientes del poder que opera en nosotros, a través de nosotros y por nosotros, hacemos a nuestra pareja responsable de proveer las cosas que queremos y necesitamos. La Fuente nos da todo lo que merecemos basada en nuestro conocimiento consciente de su presencia. Si obligamos a nuestra pareja a que nos dé cosas, eso significa que no estamos en contacto con esa conciencia. La Fuente provee nuestra comida, nuestra ropa y nuestro techo. Nos da trabajo; satisface nuestras necesidades. La Fuente puede trabajar a través de personas y de cosas, pero la Fuente es la sustancia de todas las cosas. Si tenemos una pareja que no está dando, compartiendo o proveyéndonos con las cosas que creemos necesitar, debemos preguntarnos, ¿qué estoy pensando en cuanto a dónde y de quién recibo lo que necesito?

Dios, el omnipresente, provee todas mis necesidades.

Unirse es el principio; mantenerse juntos es el proceso; trabajar juntos es el éxito.

—Henry Ford

Ya sea en el negocio o las relaciones personales, lo que se nos hace tan difícil trabajar juntos es la necesidad individual de tener razón y de que las cosas se hagan a nuestra manera. Mientras estemos tratando de proteger una posición no podremos unirnos ni trabajar juntos. Si no estamos dispuestos a ser flexibles, de alguna manera seremos un obstáculo. Debemos entender bien lo que estamos haciendo, por qué lo hacemos y con quién estamos trabajando. Sólo con un examen honesto de nuestros motivos e intenciones podemos entregarnos a cualquier proceso de trabajo o de amor. Si hacemos cualquier acuerdo colectivo solamente por razones personales y con la mente llena de basura, nuestra base deshonesta pone en peligro la estabilidad del grupo. Si nos unimos con honestidad, trabajamos juntos con claridad, podemos permanecer juntos con respeto y lograr exitosamente cualquier meta.

Yo me respeto lo suficiente como para respetar el proceso del trabajo.

Deja amigos a tu paso, no enemigos.
—Fred Estrada

Muchas personas de color creen que es su responsabilidad permanecer en relaciones, comunidades y situaciones para demostrar que ellos hacen honor a su raza. ¡Nada puede estar más lejos de la verdad! Tenemos el deber con nuestros sueños de colocarnos en un ambiente que nos ofrezca y apoye las cosas que deseamos. Tenemos el derecho de tener la paz, la prosperidad y el éxito, inclusive cuando eso significa que tenemos que dejar el "barrio". ¿Significa eso que tú crees que el barrio es malo? No, eso sencillamente significa que el barrio no es el lugar donde has escogido estar. El crecimiento exige que avancemos. Avanzar no significa rechazar. Significa que queremos expandir nuestro horizonte. Salir de esas cosas y esas personas que nos son conocidas no significa que las estamos dejando atrás. Significa que estamos abriendo un camino para que ellas lo sigan, si deciden hacerlo.

Los nuevos amigos son de plata, los viejos amigos son de oro.

Un amigo es aquella persona que rechaza la misma gente que tú rechazas.

—Anónimo

No andes con personas que están donde tú no quieres estar. Tus amigos y tu medio ambiente reflejan lo que tú sientes realmente de ti mismo. Los triunfadores andan con los triunfadores. Los perdedores andan con los perdedores. Cuando estás avanzando, necesitas gente y un ambiente que apoye y estimule tus sueños. No vas a encontrar eso entre personas inútiles y sin esperanza. No vas a encontrar apoyo para tus metas entre personas que se lamentan y se quejan. Debes saber y creer que hay gente esperando por ti en los lugares donde quieres estar. Ellos te nutrirán, te apoyarán y te estimularán a que continúes avanzando. La gente que conoces no siempre apoyarán tu crecimiento. Para avanzar hay que dejarlos atrás. También hay que probar que lo que ellos decían que era imposible es definitivamente posible.

Yo me rodeo con gente y con cosas que son buenas para mí.

Cuando eres amable con alguien que tiene problemas, tú esperas que esa persona recuerde ser amable con otros. Y eso se extenderá como un fuego en el bosque.

—Whoopi Goldberg

Por alguna razón que nunca ha sido explicada totalmente, Robert despreciaba a Rhonda. El le decía a quien quisiera escucharlo lo mala, corrupta y despreciable que ella era. Hizo de esto una campaña. Escribió cartas. Hizo llamadas telefónicas. Cuando veía a Rhonda, le sonreía y le decía, "Hola". Robert murió, de momento, inesperadamente y sin dinero. Había muchas cosas que necesitaban hacerse. Nadie se brindó para ayudar, excepto Rhonda. Ella hizo los arreglos, gastó el dinero y se encargó de los asuntos de Robert lo mejor que pudo. Robert nunca podrá decir, "Gracias". El no está en posición de decir, "Lo siento. Me equivoqué acerca de ti." Nunca podrá pagarle su dinero ni compensarla por su tiempo. Pero cuando Rhonda tuvo una urgencia familiar y necesitó un automóvil para atravesar dos estados, alguien a quien ella apenas conocía le dijo, "Toma mi auto."

Cuando te ayudo, me ayudo a mí mismo.

Cuando no eres feliz contigo mismo, no puedes ser feliz con los demás.

—Daryl Thomas

Todo el mundo llega a nuestra vida para reflejarnos alguna parte de nosotros que no podemos o no queremos ver. Ellos nos muestran las partes en las que necesitamos trabajar o que necesitamos dejar ir. Ellos nos revelan las cosas que hacemos y como ellas nos afectan a nostros y a los demás. Ellos nos dicen abiertamente las cosas que nosotros nos decimos en silencio. Ellos nos revelan los temores, las dudas, las debilidades y las fallas de carácter que sabemos que tenemos pero que nos negamos a enfrentar o reconocer. Nosotros por lo general podemos ver muy claramente las faltas de los demás. Todos tenemos en nuestras vidas gente que nos enoja o nos molesta, que nos irrita. Ellos pueden crear caos o confusión. Ellos pueden traer dolor o trastornos. Ellos pueden rechazarnos, abandonarnos y provocar cierto daño. Antes de que nos compliquemos tratando de arreglar a esa persona o de remediar la situación, debemos preguntarnos, ¿Por qué está esta persona en mi vida? ¿Qué estoy haciendo para atraer esto hacia mí? ¿Cómo puedo hacer lo que ellos hacen y cómo puedo dejar ir esta necesidad? Cuando nos limpiamos, nos sanamos y nos ponemos en equilibrio, todo el mundo en nuestra vida tendría que hacer lo mismo o desaparecer.

Mis relaciones son un verdadero reflejo de mí mismo.

Hay muchas cosas demasiado malas para ser bendecidas y demasiado buenas para ser maldecidas.

—Proverbio nicaragüense

Tómate el tiempo hoy para recordar que tus hijos también tienen una Madre y un Padre celestiales que están tan preocupados por ellos como tú. Tú eres el canal usado para traer esa criatura a la vida, pero tú no eres la única fuerza que guía esa vida. Podemos llegar a preocuparnos tanto con lo que "debíamos haber" hecho que olvidamos lo mucho que estamos haciendo. Podemos llegar a absorbernos tanto con lo que está "mal" con nuestros hijos que no vemos lo que está bien. El temor que sentimos respecto a nuestro o a su fracaso nos impide darles lo que necesitan para triunfar. Hoy, ¡enfócate en lo bueno que existe en tus hijos! Hay cosas que ellos hacen bien y cosas que aprenderán a hacer mejor. Entiende que tú no puedes arreglar a tus hijos y que no puedes planear sus vidas. Lo que puedes hacer es guiarlos, apoyarlos, nutrirlos y quererlos, con todo lo que tienes, de la mejor forma que puedas. Cuando hayas hecho eso, entérate de que la Madre celestial y el Padre celestial quieren tanto como tú, si no más, para ellos.

Yo entrego mis hijos a la fuerza divina que se mueve dentro, a través y para ellos.

Algunos chicos hacen lo que tú dices. Algunos chicos hacen lo que tú dices que no hagan. Pero todos los chicos hacen lo que tú haces.

—Desconocido

Una niña de trece años se fue a la lavandería. Le dijeron que fuera directamente allí; así lo hizo. Pero no volvió derecho a casa. En el camino a su hogar, procedente de la lavandería, se enredó en una pelea de huevos. Más de media docena de huevos acabaron cubriendo un traje de $300. Ella llevó el traje para su casa, lo enrolló, lo puso en una bolsa de plástico y lo escondió en el clóset. Tres días después, cuando le preguntaron por el traje, comenzó a llorar y sacó del clóset la bolsa con el maloliente traje. La niña todavía está viva, con sus brazos y piernas intactos. La madre respiró profundamente y se recordó a sí misma: Hay momentos en los que yo no sigo las indicaciones; no siempre admito mis errores y trato de esconderlos. Cuando tengo que dar la cara, lloro. Siempre que enfrento algo que he hecho mal, por lo general no miento. Si realmente queremos entender por qué nuestros hijos se comportan como lo hacen, debemos echarnos una mirada larga, profunda y honesta a nosotros mismos.

Cuando veo a mis hijos me veo a mí mismo.

Es el niño quien crea el futuro, es el niño quien crea la esperanza. Así que si no pones al niño por delante, no tendrás sueños.

—Edward James Olmos

Ellos siempre quieren. Siempre necesitan. Ellos hicieron que te saliera la primera cana. Ellos comen demasiado. Ellos duermen demasiado. Les gusta la suciedad. Rompen la vajilla buena. Nunca lavan bien los vasos. Saben bien cómo avergonzarte delante de todos. Hablan demasiado alto. Caminan demasiado despacio. Pocas veces hacen lo que les pides, de la manera en que tú quieres que lo hagan. Se van. Regresan con amigos y ropa sucia. Te preocupan. Te asustan. Siempre quieren cuestionar lo que haces. Te quieren. Te odian. Siempre saben cómo usar tu dinero. Crecen. Se mejoran. Se ponen viejos. Empeoran. Piensa ahora cuán vacío estaría el mundo si no tuviéramos a nuestros hijos para querer.

Yo realmente quiero a mis hijos.

Los niños son Dios en ropa de trabajo.

Es difícil para nuestros hijos decirnos lo que verdaderamente sienten. Ellos no quieren herirnos. No quieren fal-
tarnos el respeto. Tal vez no creen que lo que ellos piensan y
sienten sea valioso. Como padres, a veces es difícil dejarles
ser quiénes realmente son —personas, con pensamientos,
sentimientos y sueños. Queremos protegerlos. Queremos
darles lo mejor. Debemos considerar si las cosas que queremos para ellos son las cosas que ellos quieren. A lo que
tememos para ellos, tal vez ellos no le teman. Nuestros hijos
tienen el derecho de escoger, de buscar, de explorar y de
decidir, y tienen la energía que hace falta para caerse de
narices y levantarse otra vez.

Hoy haré más que oír, escucharé a mis hijos.

Siete hijos de la misma madre y cada uno piensa diferente.
—Proverbio cubano

Una de las muchas cosas que vuelven locos a los padres acerca de sus hijos es que los hijos tratan de pensar por ellos mismos. A los padres no les gusta eso. Los padres casi nunca entienden por qué los hijos piensan de esa forma; puede que también se sientan amenazados cuando los hijos no ven las cosas de la manera correcta —es decir, de la manera de los padres. Los padres tienen experiencia; ellos creen que los hijos no la tienen. Los padres conocen los peligros y las trampas de la vida; a los hijos esto parece no importarles. Los padres creen que si a los hijos se les permite manejarse a sí mismos, se destruirán. Los padres necesitan darse cuenta de la diferencia entre disciplina y pensamiento, entre desobediencia y pensamiento, entre falta de respeto y pensamiento. Los hijos son sencillamente personas que viven en cuerpos más pequeños. Deben aprender a expresarse, a entender quiénes son y a llegar a ser quiénes son a través de sus propios pensamientos. El que tus hijos no piensen como tú no quiere decir que estén equivocados.

Las ideas son los hijos de la mente. Mis hijos tienen hijos.

El amor mira a través de cristales que hacen lucir al cobre como oro, a la pobreza como riqueza y a las lágrimas como perlas.

—Proverbio peruano

Dentro de nuestro ser hay un lugar de paz, de alegría y de conocimiento. Es un lugar que se llama amor. No se nos enseña a vivir por amor por nosotros mismos. Se nos enseña a derramarlo sobre los demás. Hacemos por los demás lo que no haremos por nosotros mismos. Les damos a otros lo que creemos no merecer. Nos dirigimos a otros buscando ese sentimiento que viene del yo interior. Somos amor desde el centro de nuestro ser. Es la energía gracias a la cual nacimos. Respiramos amor. Vemos amor. Nuestro ser vive en amor. ¿Por qué no podemos aprender a amarnos de la misma manera en que amamos a los demás? Si podemos vivir de nuestro ser de amor, no podemos evitar atraer más de lo que ya somos. Amor es lo que somos. Cuando sabemos eso y vivimos a través de eso, podemos vivir "en-amorados" con nosotros mismos.

Yo soy amor.

No es suficiente que un hombre sepa cómo cabalgar, también debe saber cómo caerse.

—Proverbio puertorriqueño

Cuando establecemos una relación, a menudo no pensamos ni vemos más allá del ser físico. Nos atrae el cuerpo, el rostro o la personalidad. Tal vez nos gusta lo que hace la persona o cómo lo hace y queremos ser parte de eso. Inclusive puede que sintamos una sensación interior que no podemos realmente explicar. Pero, ¿cuán a menudo nos detenemos a considerar la verdadera profundidad de la persona que nos atrae? Delante de nosotros está un ser que tiene un pasado, un presente y un futuro. Hay carne y huesos, heridas y cicatrices, sentimientos, pensamientos e ideas. Cuando entramos en el mundo de otro ser, debemos estar dispuestos a ser parte de él. Cuando alguien te confía su corazón, te están dando un pedazo de su alma. No puedes tratar un alma sin darle importancia. Debes protegerla, nutrirla y manejarla con cuidado. Nuestras interacciones mutuas van más allá del rostro, del cuerpo y del cabello. Otra cosa que debemos considerar cuando entramos en el corazón de alguien es que dentro de nosotros hay un corazón y un alma que jugarán su papel.

*Yo respeto el corazón, la mente y el alma de mis amigos y
mis amantes.*

El tiempo es el descubridor de todas las cosas.
—Proverbio dominicano

Si la vida se trata de aprender y de crecer, ¿por qué pensamos que nuestras relaciones no tienen que ver con la escuela de la vida? Cada relación —de familia, de amistad, de amor y de matrimonio— consiste en crecimiento y desarrollo. Necesitamos ciertas habilidades. Debemos desarrollar ciertas fuerzas. Debemos aprender ciertas lecciones. Nuestras relaciones nos ofrecen el marco perfecto. Nos unimos para compartir, aprender y crecer. Cuando hayamos adquirido la habilidad, dado la información o aprendido la lección, es hora para algo más. Es tiempo de seguir nuestro camino. Eso puede sentirse como, "Ya no me quieres." Lo que realmente dice es, "Ya no tienes nada más que darme." Si pudiéramos ir por encima de la emoción y buscar el crecimiento, terminar una relación, separarse de una familia o una amistad, sería muchísimo menos doloroso. Queremos aprender cómo ser agradecidos por todo lo que recibimos en nuestras relaciones. En algún punto más allá del sufrimiento, el miedo, el dolor y el desengaño hay una poderosa lección esperando ser aprendida.

Cada encuentro es una experiencia de desarrollo.

No temeré al mal; porque Tú estás conmigo...
—Salmos 23:4

No importa lo que esté sucediendo en tus relaciones, no le temas a nada ni a nadie. Cuando caminas con la conciencia del Creador, no hay nada que temer. No temas que la gente te vaya a hacer daño o a abandonar. No le temas a la gente que te amenaza. No temas a los obstáculos que enfrentas. No temas dañar tu cuerpo o tus posesiones, estás caminando con el brazo poderoso de la ley. No temas que te desaprueben. No temas a la crítica. No temas que te juzguen. Sabe que la única energía que tiene poder en tu vida es el regalo del aliento que te ha hecho Dios. No temas a los lugares. No temas a la oscuridad. No temas a la separación o al divorcio. No temas estar solo. No temas que te echen a un lado. Cuando caminas con el Maestro, estás en la mejor compañía que existe.

No temeré.

Aquellos que no no saben cómo llorar con todo su corazón, tampoco saben cómo reír.

—Golda Meir

Cuando se nos muere alguien querido o lo perdemos cuando termina una larga relación, es perfectamente normal afligirse. Debemos honrar y reconocer cada etapa de esa pena y cada emoción que sentimos. Habrá sorpresa, negación, ira, confusión, miedo, sentimiento de inutilidad, paralización y, al final, aceptación. Habrá un momento en que no sabremos qué hacer, pero tenemos que hacer algo. En ese momento debemos entender y aceptar que no hay muerte; no hay fin; sólo hay transformación. Nuestro ser querido existe ahora en un tiempo nuevo, un espacio nuevo, una realidad nueva —y nosotros también. La relación tal como la conocíamos ha sido transformada de lo físico a lo espiritual, del matrimonio a la separación, del amor a la amistad; no ha terminado; ha cambiado. Cuando nos permitimos afligirnos, liberamos los pensamientos y las emociones negativas, lo que hace más fácil aceptar el cambio. Cuando no penamos, nos atascamos. La pena es natural, normal y debe esperarse. Es un deber hacia nosotros mismos y hacia el recuerdo de la relación llorar y sanar nuestra alma.

Me tomaré el tiempo de llorar y prepararme para el cambio.

DINERO
Y
ABUNDANCIA

No hay carencia en la vida o en nuestras vidas a menos que creamos que la hay. Creer es la clave de lo que vemos, de lo que tenemos, y de lo que logramos. Todo lo que el Creador ha hecho o nos ha dado existe en abundancia. Por desgracia, muchos de nosotros no estamos consciente de este hecho. Cuando no estamos conscientes de la bondad, la gracia, la belleza, y la riqueza ilimitada de Dios, aceptamos la carencia, la restricción, y la limitación como parte de la vida. El problema que experimentamos no tiene nada que ver con la vida, es una función de nuestra visión. Si deseamos abundancias, debemos pensar abundantemente. Si queremos riqueza, debemos pensar que somos ricos. Si queremos avanzar más allá de la lucha, los problemas y las restricciones que encontramos en la vida debemos abrir nuestros ojos y recordar, "¡Todo lo que es del Padre es mío!"

Ley del éxito #107: ¡Ponte a trabajar!

Si hay algo que quieres ser, tener o hacer en esta vida, sólo hay un camino seguro para averiguar si puedes tenerlo. ¡Ponte a trabajar! Todas las cosas que tú quieres tener; los lugares a los que quieres ir; las cosas que quieres experimentar; están esperando ansiosamente por ti. Es tu tarea hacerlas. ¡Ponte a trabajar! Dí lo que tengas que decir. Haz lo que tengas que hacer. Pide lo que quieres, exactamente de la forma en que lo quieres. No aceptes una respuesta negativa. Ponte a trabajar. Todo lo que recibes es lo que das, así que da todo lo que tienes. Ponte a trabajar. Si estás satisfecho, pero todavía hambriento por algo que está en alguna parte, ¡ve por eso! Ponte a trabajar por lo que crees. Ponte a trabajar por lo que son tus principios. Ponte a trabajar sólo para probarte a ti mismo que puedes hacerlo. Piénsalo de esta forma: lo peor que puede suceder es que acabes donde mismo empezaste, pero trabajando.

La fe me salvará cuando esté cansado de trabajar.

¡Da gracias!

Tenemos tanto en la vida por lo que estar agradecidos. Caminamos, hablamos, vemos, oímos, pensamos y respiramos —por lo general sin hacer esfuerzo. ¿Por qué nos pasamos tanto tiempo pensando en lo que no podemos hacer, en lo que no tenemos y en lo que está saliendo mal? Podemos recordar instantáneamente las experiencias, las personas y las circunstancias negativas sin reconocer que tenemos la habilidad de alejarnos, de separarnos o de hacer un cambio. Tal vez tenemos demasiadas opciones entre las que escoger. O es posible que, sencillamente, nos guste quejarnos. Tal vez si pasáramos un poco de tiempos dando las "gracias" por lo que tenemos, no tendríamos tanto tiempo para pensar en lo que nos falta. Gratitud, elogio y dar las gracias activan las leyes divinas de la abundancia. Cuando el universo pueda ver que estamos conscientes de y agradecidos por lo que tenemos, se activará para enviarnos más. Inclusive cuando parece que el pozo se está secando, podemos afirmar, "Apenas puedo esperar a ver el bien que saldrá de esto."

Mi copa siempre se desborda.

Al Padre le place mucho darte a ti el reino.
—Lucas 12:32

Ya es hora de que te hayas dado cuenta de que naciste para tener salud y éxito. No sólo tienes asegurada riqueza material, sino abundante riqueza mental, corporal y espiritual. Tú has sido creado en el imagen de lo perfecto, con un conocimiento inherente de todo lo que necesitas saber. En el imagen del Creador, lo más natural es que tengas la abundancia del reino. ¡Tú eres un aspirante a rey! ¡Nacido en la realeza! No deberías vivir con sentido de carencia o en un estado de desesperación y necesidad. Es la voluntad del Creador que tú vivas con riqueza. Es tu deber reclamar lo que es tuyo. Los tesoros del reino, la riqueza del mundo, la reserva infinita del universo es tu herencia. ¡Acéptala agradecidamente ahora mismo!

Yo he heredado todas las cosas buenas en abundancia.
Gracias.

... porque ni la felicidad ni el dolor definen a la vida. Ellos son sencillamente dos de sus elementos diversos que yo sencillamente vivo.

—Ricardo Sánchez

Tal vez no tengas todo el dinero que quieres. Tal vez no vivas en una casa lujosa ni conduzcas automóviles caros. Tal vez no has encontrado al hombre o la mujer perfectos. Tal vez tengas unas cuantas libras de más en tus muslos. Esto no significa que la vida se acabó para ti. En realidad, puede que no haya comenzado. Lo que debemos hacer es vivir desde el interior para que el exterior sea más divertido. Da lo que tienes para poder recibir lo que quieres. Lo que tomes, tómalo abriendo tu corazón. Confía en que Dios sacará a la superficie los deseos de tu corazón, perdona a todos por lo que crees que te han hecho. Comienza cada día con una plegaria de gratitud, ama a todos por quienes son. No poseas cosas ni personas, habla sólo de las cosas que deseas. La vida está dispuesta a cooperar contigo, pero tú debes saber dónde comenzar.

Cuando coopero con la vida, las fuerzas de la vida cooperan conmigo.

Dios nos iluminará y prosperaremos.
—Proverbio cubano

Ann se pasó seis meses y medio viviendo en un sótano con ratas y ratones. Todos los días rogaba por un lugar seguro donde dormir. Sus plegarias fueron finalmente respondidas. Un amigo le ofreció el sofá de su sala. Después de dos semanas de vivir con todas sus cosas metidas en bolsas de las compras, comenzó a rogar otra vez. "¡Por favor! Lo unico que quiero es una habitación con una cama." Tres meses después, su plegaria diaria fue escuchada. Encontró una habitación de seis por nueve pies con espacio suficiente para su cuerpo, una cama y contenedores de leche donde puso su ropa. ¿Por qué Ann no pidió una casa de tres habitaciones con sótano, patio y garaje? Porque como la mayoría de nosotros, Ann tenía la tendencia de limitar a Dios. Por alguna razón, nos quedamos atascados en nuestra necesidad inmediata y creemos que Dios también está atascado allí. Creemos que quien creó la tierra, el sol, las estrellas, las montañas, los ríos, los océanos y los árboles ya no tiene nada más que dar. ¿Cuánto tiempo nos tomará para darnos cuenta de que tenemos una cuenta ilimitada con el banco universal? Nuestras plegarias hacen las extracciones. Nuestra fe es el depósito.

Yo recibiré exactamente lo que pida.

Hay cuatro peldaños en la escalera del éxito: Planear con Propósito, Preparar Rogando, Proceder Positivamente, Perseguir Persistentemente.

—Folklore afroamericano

En todo lo que hagas, ten un propósito. Asegúrate de que tu intento tiene verdad, honor y amor. Prepárate a perseguir tu propósito con una plegaria. Ruega por guía, protección y dirección. Ruega porque se abran las puertas cerradas y porque se revele el propósito de las que permanecen cerradas. Agradece las plegarias respondidas procediendo sin ninguna duda. Mantén en mente tu propósito, confía en la guía que recibes, ten fe en tu habilidad para triunfar y acepta todo lo que llega a ti. Si tienes un propósito claro, tus plegarias están basadas en la fe, una visión segura y positiva, nunca, nunca mires hacia atrás. Puede que te tropieces con espinas en el camino, pero todos tus obstáculos serán eliminados.

Yo estoy planeando con un propósito, preparando con plegarias, procediendo positivamente en la búsqueda persistente de mi meta.

¿Será posible que El haya dejado lo mejor para el final?
—Canto espiritual afroamericano

A menudo nos sentimos enojados, ansiosos o temerosos cuando las cosas que queremos no parecen salir de la manera en que queremos. Vigilamos a los demás. Juzgamos si han trabajado lo suficiente. Los criticamos para apoyar nuestra determinación de que ellos no se merecen alcanzar o tener lo que desean. Dudamos de nosotros mismos, de nuestras habilidades y nuestro valor. Culpamos a la gente y las condiciones, pensando que son obstáculos en nuestro camino. Lo único que obstaculiza nuestro camino es la duda, el temor, la crítica y el juzgarnos a nosotros mismos y a los demás. Mientras creamos que alguien o algo, y no nosotros mismos, puede demorar lo bueno en nuestras vidas, no estamos listos para tenerlo. El Creador, dador de todo, conocedor de todo, es la fuente de todos los suministros, y El quiere que tú estés listo. Cuando eres fuerte de corazón y de mente, cuando honestamente quieres para los demás el bien que buscas para ti mismo, estarás bien preparado para tener lo mejor que desees.

Yo me estoy preparando para lo más elevado y lo mejor.

Los ojos creen su propia evidencia, los oídos la de los demás.
—Proverbio venezolano

Cuando estamos en una habitación oscura, rápidamente nos damos cuenta de que es más fácil ver con las luces encendidas. Si hemos estado en la cárcel alguna vez, oprimidos, encadenados a alguien o a algo, desarrollamos un profundo deseo de libertad. Aprendemos a apreciar la buena salud cuando estamos enfermos. Respetamos la riqueza cuando somos pobres. Parece muy natural definir una condición por lo que parece ser su opuesto. Libertad y opresión, enfermedad y pena, paz y confusión, fe y temor, fuerza y debilidad, macho y hembra —éstos no son poderes opuestos. Son el resultado de cómo se usa el poder único de la vida. Los antepasados sabían que todo proviene de una sola fuente. Ellos sabían que esta fuente tenía el único poder y que todo lo demás era un reto de menor importancia. Cuando nos centramos en la fuente, el poder, vemos que no hay opuestos. Sólo luz que viene de la oscuridad para ayudarnos a ver adónde queremos ir.

Sólo hay un Poder, una Fuente funcionando en mi vida.

La posesión de riquezas materiales sin paz interior es como morir de sed mientras tomamos un baño en el río.

—Paramhansa Yogananda

Howard Hughes es un ejemplo clásico de lo que es lograr riquezas y perder el alma. El y muchos otros como él deben fortalecer la idea de que el dinero no puede comprar la felicidad, la paz o la salud. Esto parece ser una contradicción. Por un lado, necesitas el dinero para obtener las cosas que te darán paz y te harán feliz y saludable. Por otro lado, la búsqueda del dinero puede llevar a la quiebra a tu mente, tu cuerpo y tu espíritu. ¿Qué puede hacer una persona? ¡No Persigas El Dinero! Haz lo que hagas, usando tus talentos y tus habilidades, porque eso te hace feliz. ¡No Hagas Cosas Sólo Por El Dinero! En todo lo que hagas, ten un propósito, un principio o un ideal que aprecias y que no comprometerás por todo el oro del mundo. ¡Usa Las Cosas Para Ayudar A La Gente! ¡No Uses A La Gente Para Obtener Cosas! Si lo que quieres o lo que estás haciendo no es lo mejor para las personas involucradas, déjalo.

La paz próspera para mi y para los demás es mi dinero.

Tus fracasos en la vida vienen de no darte cuenta de que estás cerca del éxito cuando te das por vencido.

—Proverbio yoruba

Al ponernos metas, a veces nos ponemos límites. Los límites están bien cuando tenemos bajo nuestro control todo lo que necesitamos. No importa quiénes seamos o lo que queramos, siempre debemos entregar el elemento del tiempo al cronometrador divino. Cuando no estamos conscientes de este elemento, puede que extendamos nuestras manos desesperadamente y nos vayamos un momento antes de que se produzca lo que estábamos esperando. Nuestras ideas y nuestras metas son el fruto de nuestras mentes. Las nutrimos con nuestros pensamientos y nuestras acciones. Como un feto en el útero, ellas se desarrollan de la manera precisa, en el momento preciso. Al final, el parto comenzará. Es doloroso y a veces largo, pero finalmente la criatura viene a la vida.

El tiempo está de mi parte.

Yo debería haber sabido... que nada se queda igual. No puedes hacer que el ayer vuelva hoy.
—Piri Thomas, *Down These Mean Streets*

Nunca es buena idea contar con lo que pudiéramos tener mañana. Tiene aún menos sentido persistir en lo que teníamos ayer. Lo único que realmente importa es lo que podemos hacer en este momento. Una de las cosas que más tensión produce en nuestras vidas es el mañana, porque es lo desconocido. Nos preocupamos de si "eso" sucederá, si "eso" podría suceder, de qué pasaría si "eso" sucede. Entonces nos pasamos el tiempo planeando lo que puede que nunca suceda. Lo hacemos porque creemos que conocemos el pasado. Lo recordamos tan bien, sobre todo el dolor, los días oscuros, las cosas desagradables que hemos visto. Nos pasamos nuestro tiempo y nuestra energía presentes protegiendo el futuro del pasado. No nos damos cuenta de que uno se acabó y el otro no ha llegado aún. Lo que conocemos existe en el presente y tenemos control completo sobre eso — ahora. Nada se puede prometer, no podemos poseer lo que ya no existe. Si hacemos lo mejor que podemos en este momento, no tendremos tiempo para preocuparnos acerca de lo que puede llegar o lo que se ha ido.

Yo estoy viviendo en este momento.

Lo que das es lo que recibes, multiplicado por diez.
—Proverbio yoruba

Hemos sido entrenados y condicionados para dar regalos en ocasiones específicas. A veces les damos regalos a aquellas personas que tienen un significado especial para nosotros. Por desgracia, esta clase de regalo es más para nosotros mismos que para la persona que lo recibe. Por lo general, nos decimos, "No tengo nada que dar." Nos han educado erróneamente sobre el dar regalos. Creemos que los regalos deben llevar siempre una etiqueta de precio o ser dados por una razón determinada. Es esta forma de pensar la que causa una sequía en nuestra reserva de dar regalos. La verdadera alegría de dar viene cuando damos espontáneamente lo que tenemos, sin otra razón que por la sola alegría de dar. Es esta clase de regalo el que abre las puertas para que nosotros recibamos. Cuando damos por el placer de dar, y no por deber, comenzaremos a entender. Podemos dar nuestro tiempo, nuestra energía, nuestros pensamientos. Podemos dar un libro cuando lo hayamos terminado, algo que ya no nos pongamos o usemos, pagar la caseta de peaje por el auto que viene detrás de nosotros o hacer en elogio a alguien a quien no conocemos. En realidad, tenemos mucho que dar de muchas formas.

Yo doy alegremente desde el fondo de mi corazón sólo por el placer de dar.

La carta que nunca sale, ni pierde ni gana.
—Proverbio panameño

No hay ningun razón para conformarnos con nada que no sea lo mejor. La única razón por la que recibes menos es porque no pides exactamente lo que deseas. A veces puedes pensar que no mereces más de lo que tienes. En otras ocasiones pensamos que queremos demasiado. Tal vez crees que si recibes lo que deseas, vas a perder otra cosa o que algo malo va a suceder que te quitará lo que ya tienes. Es como si un espíritu que se dedica a servir estuviera esperando y nos preguntara, "¿Cómo le gustaría que se lo sirva?" Deja que tu mente revise el menú de la vida y que tome una decisión sabiendo que cualquiera cosa que quieras está disponible. Pide lo que deseas, de la forma en que lo deseas. Desde ese momento en adelante, piensa que es tuyo.

Yo le pido a la vida de forma clara, específica y abundante.

Deja de hacer. Comienza a ser.

¿Has notado alguna vez que mientras más tratas de hacer, menos haces? La causa es que hacer requiere evaluación y actividad al nivel físico. Nuestra parte física está limitada por la percepción y la personalidad. Nuestras percepciones nos dicen lo que podemos hacer, lo que no podemos, lo que haremos, lo que no haremos y lo que otros pensarán, harán y dirán acerca de nuestro "hacer". Hacer es un ejercicio intelectual. Mientras más valor demos a nuestro intelecto, más pensamos que debemos hacer. La clave es dejar de hacer y comenzar a ser. Debemos aceptar lo bueno en nuestras vidas en el punto mismo en que estamos y dejar de pensar en eso como en algo por lo que debemos esperar. Cualquier cosa que quieras ser, está esperando por ti. Puedes ser saludable, organizado, amado, próspero, satisfecho y libre sin "hacer" nada. Se empieza con un solo pensamiento y una sola afirmación—

YO SOY

Una chispa hace un gran fuego.

—Proverbio panameño

Toma un manojo de llaves, ponlo frente a ti. ¿Qué ves? Llaves, ¿no es cierto? Te equivocas. ¿Qué es una llave? ¿Qué representa? Una vía hacia adentro, una vía hacia afuera. Un hogar. Un automóvil. Empleo. Negocios haciendo llaves, ofreciendo techo y protección a las familias. Los obreros de una fábrica de acero quemando hierro, maquinarias creando calor, extrayendo el metal usado para las llaves. Trabajadores migratorios en minas, salarios mínimos que proveen comida, pequeñas aldeas con caminos polvorientos, casuchas destartaladas que no necesitan llaves. La herencia de la industria del acero, caviar, un Jaguar; mansiones con muchas puertas, muchas cerraduras que necesitan muchas llaves. Acero caliente adquiriendo forma, falta de aire, enfermedades de los pulmones. Fuego extrayendo el metal, viajes de un estado a otro, camioneros trasladando metal, haciendo maquinarias, para hacer las llaves. La llave no es nunca lo que ves. Siempre hay más.

Yo no me dejo engañar por las apariencias, lo mejor está todavía por llegar.

Los tomates del tonto los vuelve a comprar él mismo.
—Proverbio akano

   Las personas de color son grandes y creativos productores. Sin embargo somos aún mejores consumidores. Hemos dado tanto al mundo y por alguna extraña razón, seguimos comprando esas cosas. No nos podemos quejar acerca de lo que perdemos si permitimos que nos lo quiten. No podemos quejarnos acerca de lo que otros nos hacen si no hacemos cosas por nosotros mismos. Si algún día vamos a pararnos firmes como pueblo, debemos darnos crédito unos a otros por las cosas que creamos. Debemos tomar todas las precauciones necesarias para salvaguardar lo nuestro. Comprar primero en nuestras propias comunidades. Educar bien a nuestros niños. Proteger a las mujeres y a los ancianos sobre todo. Dar a los nuestros sin esperar nada a cambio. Sobre todo, no permitir que el amor al dinero esté más allá de nuestro orgullo como pueblo.

Yo reconozco el valor y valoro todo lo que tengo.

Más tarde o más temprano, te alcanzará.

—Folklore afroamericano

El universo es tan inteligente que nunca nos pregunta cómo o por qué. Nuestros pensamientos, palabras y acciones siempre se anotan y siempre nos pagan lo que merecemos. Hay tiempos en que no podemos entender cómo llegamos a donde estamos, o por qué pasamos por lo que pasamos. Sencillamente no podemos figurárnoslo, pero el universo lo sabe. Hay un invisible banco de la ley y del orden dentro del cual todos depositamos. En el momento preciso, de la forma precisa, nos dan un estado de cuentas. Debemos tener cuidado con lo que pedimos porque siempre lo vamos a obtener. Lo que les hacemos a los demás, se nos hará a nosotros. Lo que guardamos en nuestros corazones se queda con nosotros. Las cosas en que enfocamos nuestros pensamientos, crecerán. ¿Me entiendes?

Yo doy gracias al universo por revelar lo que estoy pensando y sintiendo

Alguna gente dice, "Si perteneces a un grupo minoritario tienes que trabajar 150 por ciento más duro porque ya estás con desventaja." Eso puede que sea cierto, pero el hecho es que, de todos modos, la gente exitosa sí trabaja más duro que todo el mundo.

—Dick González

Tanta gente pasa por la vida creyendo que están siendo engañados o que el mundo les debe algo. Este mundo no nos debe nada, excepto la oportunidad de expresar nuestro ser más elevado. El mundo no nos debe una casa. No nos debe un automóvil. No nos debe dinero, pieles o diamantes porque la oportunidad de tener es nuestra desde que nacemos. El Creador nos ha provisto sabiamente con las cosas más importantes en la vida —el aire para respirar, el sol para calentarnos y nutrirnos, la abundante belleza de la naturaleza y la oportunidad de elegir. La guía y la inspiración divinas están disponibles para todos cuando quiera que se necesiten. Al creer que ciertas cosas sólo les son dadas a ciertas personas, nos atascamos sin darnos cuenta de que todo está disponible para todos. Debemos preguntarles a esos que creen que se les debe algo, ¿de quién creen ellos que eso ha de venir?

Todo lo que se me debe llega a mí por mi propia elección.

Recibes lo que esperas.

—Alvin Ailey

A menudo decimos que queremos muchas cosas mientras que, por dentro, dudamos que las vayamos a tener. El universo no nos da lo que decimos que queremos; nos da lo que esperamos recibir. No puedes engañar a la Madre Naturaleza. Ella da a luz tus más profundos pensamientos y el principio es éste: todo sucede dos veces —primero por dentro, luego por fuera. Literalmente, debemos crear dentro de nosotros la energía de lo que queremos antes de que podamos tenerlo en el mundo físico. ¿Cómo se siente ser rico? ¿Estar enamorado? ¿Tener perfecta salud? ¿Ser totalmente libres para hacer lo que escojamos? Debemos permitir que ese sentimiento penetre bien en nuestro interior y vivir como si precisamente lo que queremos es lo que ya tenemos. Debemos sentirnos siendo y disfrutando lo mejor que la vida tiene que ofrecer. Debemos pensar de eso, hablar de eso y esperarlo a cada momento. Debemos impregnar nuestro ser entero con las expectativas de lo que queremos. A medida que crece el sentimiento, llegará el día en que daremos a luz exactamente lo que deseamos.

Yo espero todo lo mejor aquí y ahora mismo.

El te dará tanto como alcances a ver.
—Primera Iglesia de la Liberación

Tenemos la habilidad, el derecho y el poder de crear cualquier cosa que deseemos en nuestras vidas. Todo lo que tenemos que hacer es verlo. Podemos escoger ver las posibilidades ilimitadas, las cuantiosas oportunidades y las aguas no navegadas. Podemos decidirnos a ver que hacer con facilidad lo que queremos hacer, tener con alegría lo que queremos tener y estar donde queremos estar son actitudes que pueden servirnos de proyección y percepción. Cuando usamos nuestros ojos para proyectar hacia el mundo lo que queremos, enviamos hacia adelante el poder creativo de la fuerza del alma. Cuando usamos una percepción positiva para interpretar lo que vemos, evitamos ser presa de un destino nefasto y de la melancolía. Si podemos mirar más allá del presente, de sus retos y sus obstáculos, podemos crear un mañana mejor. Si podemos ver, debe llegar a ser. Esa es la ley.

Yo estoy dispuesto a ver mi bien.

Cuando te enfocas en el problema, el problema se hace más grande.

La mente es un poder tan increíble que expande literalmente todo lo que toca. Cuando estamos enfrentados con un reto, un obstáculo o un problema, nuestra tendencia es alimentarlo. Hablamos de él. Lo describimos vívidamente. Monitoreamos su progreso día a día, imaginando cuánto está creciendo y cómo sus efectos están devastando cada aspecto de nuestras vidas. Lo que estamos realmente haciendo es dándole al problema más valor del que tiene. Cuando confrontamos una dificultad, debemos inmediatamente transferir nuestra atención del problema hacia la solución. Podemos pensar, hablar y hacer posible la mejor solución enfocándonos en dónde vamos, no en dónde creemos que estamos.

Mi actitud positiva y llena de fe trae rápidamente mi bien.

Extiende tus manos tanto como puedas, agarra todo lo que puedas agarrar.

—Proverbio yoruba

Miras dentro de una camioneta de mudanzas que está llena, pero no puedes encontrar sitio para la última caja. Te arriesgas, te encaramas encima de todas las otras cajas y encuentras que arriba hay un espacio. Si arriba hubiera espacio sólo para uno, tendríamos entonces una sola marca de galletitas de chocolate, una marca de té y una sola clase de hojuelas de papa. Nunca debemos permitirnos ser guiados o detenidos por lo que otra persona está haciendo. Nunca debemos permitirnos pensar que sólo podemos llegar hasta un punto porque ya otros llegaron. Cuando nos estiremos, parémonos en la punta de los pies, extendamos nuestras manos y agarremos todo lo que podamos. Si queremos que nuestras manos estén llenas y que lo bueno fluya hacia nosotros, no debemos nunca, pero nunca, olvidar decir "gracias" por cada cosita.

Yo estoy agradecido de que siempre haya espacio para mí.

No importa lo que suceda, la función debe continuar.
—Marcos Avila

¿Sabes que eres tan rico como cualquier persona que camina sobre la tierra? ¿Sabes que tú tienes las llaves que abren las puertas de una riqueza ilimitada e inacabable. ¿Sabes que oro, plata y montones de cálido y adorable dinero son tuyos, ahora mismo? Si contestaste no a alguna de estas preguntas, no has desarrollado una conciencia de prosperidad. La prosperidad es un estado mental. Va más allá del dinero o de las cosas que el dinero puede comprar. Exige que tú abandones la ira, las heridas y las desilusiones de ayer para poder dar cabida hoy al bien en tu vida, sin miedo de las incertidumbres del mañana. Prosperidad es libertad, paz, buena salud, sencillez y amor. Prosperidad es saber quién eres, amar quien eres y hacer lo que amas. Cuando piensas en la prosperidad y actúas prósperamente vas a conseguir una abundante riqueza.

Mi prosperidad comienza como un estado mental.

Lo que mucho se desea, no se cree cuando llega.
—Proverbio argentino

La mayoría de las personas quieren ser ricos. Pasan tanto tiempo deseando que el dinero llegue que no pueden determinar cómo atraerlo a sí mismos. La gente que quiere ser rica no parece darse cuenta de que si quieres ser rico, tienes que pensar ricamente. La gente que piensa ricamente no creen en la carencia. La gente que piensa ricamente sabe que nada cuesta demasiado. La gente que piensa ricamente cree que ellos se merecen lo mejor —por eso es que siempre lo obtienen. La gente que piensa ricamente no siempre tiene dinero. Lo que sí tienen es una conciencia de riqueza. A menos que tengamos una conciencia que refleje lo que deseamos, no podremos atraerlo hacia nosotros. A menos que creamos que merecemos las cosas que queremos, nuestros pensamientos las empujarán lejos de nosotros. No debemos limitarnos a lo que pensamos que podemos tener. Debemos permitirnos pensar que podemos tenerlo todo. Los millonarios nacen en la conciencia. Si vives con un sentido de carencia, ¿qué es lo que estás pensando?

Yo estoy haciendo millones en mi mente.

Decide que tu deseo de tener eso es más que tu temor de tenerlo.

—Bill Cosby

Tantas veces en la vida permitimos que el temor nos detenga de repente; lo triste es que no siempre reconocemos que tenemos miedo. Encontramos excusas y razones lógicas. Creamos responsabilidades, verdaderas y falsas, a las que debemos atender antes de poder avanzar. Creamos desafíos y obstáculos tan reales en nuestras mentes que se manifiestan en nuestras vidas. Detrás de todo eso lo que hay es miedo. Miedo de que no seamos lo bastante buenos. Miedo de que no gustemos. Miedo de que si lo hacemos una vez, alguien nos pedirá hacerlo de nuevo y no seremos capaces. ¿Cuáles son nuestras excusas? ¿Quién o qué nos está deteniendo? ¿Cuántas veces nos convencemos para abandonar lo que decimos que realmente deseamos? ¿De qué tenemos miedo?

Yo pongo el deseo antes del miedo todos los días.

Ruega por un flujo continuo en el presente sino que un flujo contigente en la necesidad.

—Barbara O

La necesidad representa carencia. Dice que, de alguna forma, nos falta algo, que somos incapaces de proveer a nuestro ser interior. La necesidad se manifiesta en desesperación y a menudo nos estancamos en esa desesperación. No siempre nos damos cuenta de que Dios satisface nuestras necesidades sin ningún esfuerzo de parte nuestra. Necesitamos comida, ropa y techo, de los cuales hay en abundancia. La cuestión es, ¿queremos lo que está disponible? Por lo general, no; por eso pensamos que necesitamos más. Pensamos que necesitamos un abrigo nuevo, una máquina de video, un automóvil de último modelo. Queremos estas cosas, eso está bien. El querer nos pone en el asiento del conductor. Eso dice que estamos abiertos, preparados y dispuestos para recibir. El querer dice que tenemos un sueño, una meta o una idea que deseamos que se manifieste en nuestras vidas. La necesidad nos hace temerosos. El querer nos ayuda a hacernos creativos y responsables. Cuando nos esforzamos solamente para satisfacer nuestras necesidades, nunca estamos satisfechos. Cuando nos esforzamos por satisfacer lo que queremos, vivimos.

Todo lo que necesito llega a mí fácilmente. Yo quiero lo mejor.

La vida no tiene por qué ser un esfuerzo o una lucha.
—Marian Anderson

A veces nos hacemos la vida difícil. Tenemos una gran habilidad para crear nuestras propias tensiones. Tal vez no queremos ver lo bueno en nada o en nadie. A veces rehusamos contar nuestras bendiciones y nos quejamos de que nos faltan cosas. Criticaremos, juzgaremos o culparemos a los demás porque nos olvidamos de cuando no tomamos sabias decisiones. De lo que parece que no nos damos cuenta es de que cuando pronunciamos frases de lucha y conflicto, atraemos más de eso hacia nuestras vidas. Creamos nuestro propio bienestar de acuerdo a la manera en que conducimos nuestra mente, nuestra lengua y nuestro corazón. Cuando esperamos lo mejor, lo obtenemos. Cuando hablamos de lo bueno, lo vemos. Cuando sacamos el miedo, el enojo y la discordia de nuestros corazones, nos colocamos en una vibración más elevada. Si escogemos luchar con los asuntos de la vida, ellos estarán dispuestos a luchar contra nosotros.

Yo voy a crear un día maravilloso.

No seas indiferente al dinero.

—Reverendo Ike

¿Cuántas veces has pasado por un centavo en la calle y no te has agachado para recogerlo? ¿Crees que un centavo no es dinero? El centavo tiene una madre: la moneda de diez centavos. Esta tiene un padre: su nombre es el dólar. El dólar tiene muchos parientes de todos los tamaños. Las monedas de diez centavos y los dólares son muy sensibles respecto a la manera en que tú tratas al centavo. Una persona con un millón de dólares que pierde un centavo ya no es millonario. Si a una persona le falta un centavo para comprar pan, puede que no coma. Nosotros tomamos y escogemos la clase de dinero que queremos. Tal vez no nos damos cuenta de que el dinero tiene una vibración, y si tratamos bien al dinero, atraerá más hacia él. La próxima vez que encuentres un centavo, no seas indiferente; recógelo, evalúalo, llévalo a casa y date cuenta de que ahora tienes en tu poder un pariente cercano del dólar.

Mi dinero vibra, atrayendo a sus semejantes.

Aquel que desprecia lo poco, pronto llorará por lo mucho.
—Proverbio chileno

El universo es extremadamente sensible a nuestros pensamientos y emociones más poderosos. Las fuerzas de la vida están ansiosas por traernos aquellas mismas cosas a las que le damos poder. Cuando somos infelices o estamos insatisfechos, le damos gran energía al estado en que nos encontramos. Debemos darnos cuenta de que quejarnos por la situación en que estamos o de lo que tenemos es la mejor forma de asegurar que las cosas permanecerán exactamente como están. No atraeremos nada más ni mejor hasta que respetemos y apreciemos lo que tenemos ahora. Cuando nos parezca que nuestras necesidades y deseos no se satisfacen, debemos recordar lo que no nos hace falta. Si pensamos que carecemos de algunas cosas en la vida, debemos considerar aquellos que carecen de todo. La única manera de probarnos ante las fuerzas universales es ser agradecidos y apreciativos por lo que tenemos ahora. Cuando somos agradecidos por las cosas aun pequeñas, los poderes del universo nos conducen a las más grandes.

Yo estoy agradecido por lo que tengo ahora.

Dejen que sea desgraciado el que se lo crea.
—Proverbio mexicano

Hay leyes universales que gobiernan nuestra habilidad de multiplicar y tener provisiones. La ley del perdón, cuando se pone en acción, llena a la mente de ideas naturales y saludables que se llevan la oscuridad y traen la luz. La ley de la obediencia gobierna nuestros movimientos, exigiendo que actuemos con orden y armonía. La ley del sacrificio dice que debemos dar para poder recibir. Porque cada cosa que damos debe ser devuelta, ya que un sacrificio nunca pasa inadvertido. La ley del aumento exige que alabemos y demos gracias por todo lo que tenemos. La ley de recibir nos da exactamente lo que esperamos. La ley de la atracción nos trae sin demora los deseos y los pensamientos que guardamos en nuestras mentes. La ley de la provisión provee todas nuestras necesidades y deseos, si creemos en su existencia. Cuando nuestros esfuerzos no se multiplican, cuando nuestra provisión no es suficiente, es muy posible que estemos transgrediendo la ley.

Yo vivo dentro de los límites de la ley.

Dios ayuda a cada cual con lo que le corresponde.
—Proverbio chileno

Si Dios es la fuente de la vida, ¿no deberíamos ser capaces de encontrar la esencia de esa fuente en nuestras vidas? Sin embargo, cuando examinamos nuestras vidas, ¿en qué parte encontramos a Dios? ¿Qué parte es el "yo"? Dios es amor, paz, abundancia, poder, fuerza, misericordia, verdad, equilibrio y alegría. Para muchos de nosotros, la vida es carencia, limitación, discordia, tensión, caos, confusión, opresión y odio. Tu raza, mi raza; sus metas, nuestras metas; tu religión, mi religión han reemplazado el sentido de unicidad conocido como Dios. ¿Creó Dios este enredo? No, fue el "yo". La pequeña parte del "yo" que quiere control y poder. El "yo" que es miedo, arrogancia, ira y orgullo. El "yo" que se agarra al dolor porque "yo no sé qué hacer". El "yo" que quiere las cosas a mi manera porque "yo puedo valerme por mí mismo". El "yo" que no puede entender qué parte es Dios y qué parte soy "yo" porque "yo" he olvidado que todo lo que Dios es, yo soy. Si sólo "yo" dejara que Dios hiciera Su parte, estaríamos bien.

Dios, ¿cómo puedo servirte hoy?

Inhala el futuro, exhala el pasado; ¡inhala lo bueno, exhala lo malo!

—Barbara O

Inhala. Exhala. Inhala. Exhala. Qué regalo tan maravilloso de la vida. Inhala. Exhala. Inhala. Exhala. El principio y el fin. Inhala paz, exhala confusión —es así de fácil. Inhala fe, exhala preocupación —eso es todo lo que tienes que hacer. Inhala orden, exhala confusión —métete dentro del flujo de la vida. Inhala amor, exhala ira —siente el cálido flujo a través de tu ser. Inhala fuerza, exhala miedo —ahora deja que tu mente descanse. Inhala silencio, exhala ruido —siente cómo tu cuerpo se tranquiliza. Inhala libertad, exhala restricción — deja que tu mente siga el sueño. Inhala victoria, exhala derrota —prepárate para lo mejor. Inhala aceptación, exhala crítica —siente que tu ser se abre. Inhala confianza, exhala duda —disfruta el ritmo de quién eres. Inhala. Exhala. Inhala. Exhala. El aliento es un don de la gracia. Mientras lo tengamos, tenemos la oportunidad divina de comenzar de nuevo.

Yo acep *don del aliento como un regalo de la vida.*

2 de noviembre

El roble no se cae de un solo golpe.

—Proverbio puertorriqueño

¿Hay algún problema persistente que te atormenta? ¿Parece pender sobre ti esperando lanzarse y devorarte? ¿Es un problema de dinero? ¿De relaciones? ¿Una elección o una decisión que parece que no puedes tomar? ¿Te sientes como si te hubiesen arrinconado en un callejón sin salida? ¡Qué bueno! ¡Es ahí exactamente donde necesitas estar! Ahora deja de prestarle atención al problema y ríete. Eso es, ríete. Mira a la adversidad cara a cara. Deja de tratar de pensar qué hacer. Probablemente estás pensando que éste es tu castigo por algo que hiciste en el pasado. O tal vez piensas que es un poco más de tu "mala suerte". Bueno, saca esos pensamientos de tu mente y reemplázalos con "Yo sé que hay un poder bueno en el universo y hago surgir de mí ese poder ahora mismo para mejorar todas las condiciones de mi vida." Pero naturalmente, esto suena demasiado fácil, demasiado bueno para ser verdad. A ti te gusta lo difícil, ¿verdad? Bueno, aquí tienes algo difícil sobre que pensar: "¡Transfórmate por medio de la renovación de tu mente!"

Sólo por hoy me reiré en la cara de la adversidad.

Dios hace que florezca la semilla del hombre bueno.
—Proverbio colombiano

Cuando tengas un deseo ardiente de hacer algo, ¡hazlo! "Seo" significa "Señor", "Padre". "De-seo", "del Padre", es precisamente lo que Dios quiere para ti. Ese deseo urgente viene del alma y el alma es el único combustible que necesitas. Es una bendición. Te permite saber que has sido escogido para una tarea especial. El Creador sabe que tú puedes y quiere que tú hagas o tengas lo que sea. ¡No puede ser muy difícil! ¡No está fuera de tu alcance! ¡Está conectado a tu alma! ¡Es allí donde está todo el poder! Confía en esos deseos. Son los mejores amigos que puedes tener. Aprende a ir más allá de lo que parece ser la esencia de lo que eres. ¿Es algo bueno? ¿Se beneficiarán tú y los demás? Si es así, ¡adelante! No dejes que otros te hagan alejarte de tu deseo. No es problema de ellos ver o saber. No esperes que ellos puedan sentirlo de la forma en que tú lo sientes. Alimenta tu deseo con tu pensamiento, tu palabra y tus acciones; nunca dudes que llegará a convertirse en tu realidad. Si tú haces tu parte, el Padre hará la suya y te guiará al manantial de tu deseo convertido en realidad.

Yo no puedo hacerlo. Yo soy el conducto a través del cual se hará.

A los pajaritos es Dios quien les sirve la comida.
—Proverbio chileno

Todo lo que hay en el mundo fue, en un tiempo, sólo una idea en la mente de alguien. La silla en la que te sientas. La ropa que vistes. El automóvil que conduces. Los instrumentos de comunicación que hacen llegar la información a nosotros. Todos fueron ideas que alguien se tomó el tiempo, tuvo la fe e hizo el compromiso de llevar a cabo. ¿Cuántas ideas buenas, no, ideas brillantes has tenido últimamente? ¿Tienes ideas de cosas que te gustaría hacer? ¿Ideas acerca de la calidad de tu vida? ¿Cómo hacer la vida mejor para otra persona? ¿Por qué entonces no estás actuando sobre esas ideas? Todo lo que poseemos son ideas. Eso es lo que tomamos del Ese que está en lo alto. Nosotros ya tenemos la habilidad, la destreza y el acceso a la información. Lo que hace el Creador es generar ideas. Mucha gente tiene la misma idea al mismo tiempo. Algunos de nosotros actuamos, otros no. La próxima vez que te preguntes lo que se supone que hagas en la vida, recuerda todas las benditas ideas que dejaste escapar.

Adelante, Dios, habla. Estoy escuchando.

La gratitud es la menor de las virtudes, la ingratitud el peor de los vicios.

—Proverbio paraguayo

Todos quieren saber el secreto de una vida larga, feliz, próspera y exitosa. No es un secreto. Es una actitud. Una energía. Una fórmula. ¿Quieres conocerla? Es ésta: (1) Haz todas las cosas en paz; (2) Logra unidad personal de corazón y mente; (3) Aprende la verdad; (4) Cuida tu cuerpo; (5) Corrige las imperfecciones de carácter; (6) Libérate del miedo; (7) Vive en armonía con todo el mundo; (8) Elimina las preocupaciones; (9) Ten serenidad; (10) Da amor; (11) Admírate, respétate y confía en ti mismo; (12) Conoce a Dios; (13) Expresa a Dios; (14) Averigua lo que funciona para ti; (15) Ayuda a los demás; (16) Haz, ten y conserva buenos amigos; (17) Soluciona tus propios problemas; (18) Encuentra tu lugar apropiado; (19) Ten un matrimonio verdadero; (20) Descubre y usa tus talentos personales; (21) Adquiere conocimiento; (22) Comparte con otros lo que sabes; (23) Relájate; (24) Duerme bien; (25) Despiértate con entusiasmo; (26) Desiste de las malas costumbres; (27) Piensa positivamente; (28) ¡Da siempre gracias por todo lo que tienes!

Yo prosperaré porque doy gracias.

En el momento en que te quitas del medio, dejas espacio para ocurra el milagro.

—Dra. Barbara King

Nunca acumularás la riqueza, ni experimentarás el éxito, ni harás las cosas que realmente quieres hacer mientras te preocupes por ellas. Probablemente estás pensando en términos de lo que no tienes y de lo que no puedes hacer. Tu bien nunca puede llegar a ti si tu mente está llena de carencia. No tienes espacio para las bendiciones si tus palabras están entrelazadas con limitaciones. No notarás ni te abrirás a las nuevas experiencias si estás atado a las antiguas. Lo que deseas tal vez es totalmente nuevo para ti. Puede que esté más allá de tus más grandes expectativas. ¿Cómo puede llegar a ti si tú te sigues metiendo en el medio? Es hora de que te muevas, de que te des cuenta de que lo que buscas también te está buscando a ti. Si no, no lo querrías. Esa es la ley de compensación, lo que das te será devuelto. Libérate de tus malos pensamientos, de tus actitudes inferiores, y tus comportamientos limitados y atraerás la buena voluntad. No es fácil. No es mágico. Pero funciona, milagrosamente.

No obstruiré la llegada de mi propio bien.

El trabajo es amor hecho visible. Sigue trabajando con amor.
—Anónimo

¿Haz observado alguna vez a personas que aman lo que hacen? Trabajan con una sonrisa en sus rostros o una canción en sus corazones. Se mueven con gracia y facilidad. Ponen cuidado y amor en la atención a cada detallito. Nunca se cansan de lo que hacen. Lo hacen con voluntad, con alegría por ellos mismos, por ti y por cualquier persona que muestre el menor interés. Hablan de lo que hacen, leen acerca de eso, están al tanto de las últimas tendencias, enseñan sobre eso o sobre parte de eso a los novatos y los conversos. Cuando amas tu trabajo, es como una aventura amorosa. Lo haces con pasión. La pasión por él surge dentro de tu alma y te da vértigo. Quieres hacerlo todo el tiempo, de tantas maneras como sea posible. Donde quiera que vayas, con quien quiera que estés, querrás hacer lo que amas hacer, porque se siente tan bien.

Yo amo lo que hago y lo hago con pasión.

Tu fortuna puede ser robada, pero no pueden serlo las preciosas riquezas que están en el fondo de tu alma.
—Minnie Riperton

¿Te gusta el dinero? ¿Te gustaría tener un poco? O mejor aún, ¿te gustaría tener mucho dinero? ¿Te ves cayéndole atrás? ¿Haciendo cosas para conseguir dinero o preguntándote cuánto dinero recibirás por hacer cosas? ¿Ves cosas que quieres y recuerdas que no tienes dinero? ¿Piensas a donde irías si tuvieras dinero? Mientras más pienses del dinero, mientras más lo persigas, más tiempo te demorarás en tenerlo. El dinero se parece mucho a un amante difícil de conseguir. Te elude. Te provoca y te tienta. Te calienta la sangre y luego se escapa. El dinero te volverá loco. Mientras más lo quieras, menos lo tendrás. Se opondrá a tu progreso. Se virará contra ti. Te dejará plantado. Lo mejor que puedes hacerle al dinero es ignorarlo. No lo busques. No te agites por él. No dejes que invada tu mente. Haz lo que haces sin dedicarle pensamientos al dinero y cuando menos lo esperes, el dinero caerá en tus manos.

Puertas inesperadas se abren. Canales inesperados están libres.

Si mantienes tus bolsillos llenos de monedas, siempre vas a tener cambio.

—Proverbio yoruba

Si esperas recibir algo sin hacer nada, o si te sientes bien cuando obtienes algo sin pagar por ello, estás violando la ley de la abundancia. La ley de la abundancia dice que debes pagar por lo que recibes. No te puedes beneficiar por el error o la pérdida de otro. Si lo haces, algún día te verás forzado a pagar. ¿Eres un cazador de gangas? Si es así, estás violando la ley de la vibración. Pensamientos baratos traen ganancias baratas. Cuando te colocas en una vibración baja, atraes cosas que vibran al mismo nivel bajo. ¿Gastas dinero a regañadientes? ¿Odias tener que pagar tus cuentas? Si es así, estás violando la ley de la correspondencia. Lo que le niegas al universo te será negado a ti. Si das a regañadientes, la gente te dará a regañadientes. No es lo que no tienes lo que te hace o te mantiene pobre. Es lo que haces con lo que tienes lo que abre la puerta a más. Paga como puedas o por lo menos ofrece pagar. Espera lo mejor y ofrécete lo mejor. Suelta tu dinero fácilmente, agradeciendo que tienes para dar.

Las leyes están de mi parte. Soy bendecido.

El que no se aventura no tiene suerte.

—Proverbio mexicano

Todos venimos a esta vida con habilidades, talentos y dones que, si los usamos, serán provechosos para nosotros y útiles para el mundo. Sin embargo, permitimos que nos digan y nos decimos que no somos lo bastante buenos o que nadie está interesado en lo que podemos hacer. Muchos de nosotros pasamos la mayor parte de nuestras vidas buscando autorización o reconocimiento, sin desarrollar ni usar nunca lo bueno de las cosas que hacemos por naturaleza. Si confiáramos en la vida y en nosotros mismos un poco más, haríamos lo que surge en nosotros naturalmente, las cosas en las que tenemos talento, poniendo en ellas todo nuestro esfuerzo. Si dejáramos de buscar la fama y fortuna, podríamos descubrir que estamos sentados sobre una mina de ideas y habilidades. Si dejáramos de culpar a los demás y de avergonzarnos de nosotros mismos, de ninguna manera podríamos esperar o aceptar nada que no fuera lo mejor de nosotros y para nosotros. Si dejáramos de hacer castillos de arena e hiciéramos lo que podemos hacer, donde estemos, el mundo probablemente lo apreciaría y nos recompensaría ampliamente.

Estoy dispuesto a dar al mundo lo que soy naturalmente.

Así preguntes, así te responderán.
—Proverbio puertorriqueño

Hay una fuerza natural, universal, que se llama ley de la correspondencia. De acuerdo a esta ley, atraerás hacia ti aquello que tú eres. La ley es activada por tus patrones dominantes de pensamiento. El propósito de esta ley es mostrar dónde tú estás en tu conciencia y darte la oportunidad de levantarte al punto donde quieres estar. Puedes hacer cualquier cosa buena que desees hacer si ajustas adecuadamente tus pensamientos y tus acciones. Si quieres prosperidad y éxito, debes cambiar tus pensamientos para reflejar las cosas que deseas. Muchas personas viven y mueren sin experimentar nunca nada más grande que aquellas cosas ya usadas que les regalan. Si naces en medio de la carencia, el fracaso, la lucha y las limitaciones, no tienes que quedarte en esa situación. No reclames limitaciones heredadas. La ley de la correspondencia puede llevarte y te llevará a las cimas de tu conciencia. No puedes atraer lo mejor, sin embargo, hasta que no mejores y alces tus expectativas. Alzate. Entrénate a buscar mentalmente las cosas buenas que quieres y lo bueno te responderá.

Yo me veo a mí mismo con todo lo mejor. Me veo con eso ahora.

Cuando la gente dice que no es el dinero, sino el principio, es el dinero.

—Stuart Wilde

A las personas de color no les gusta hablar del dinero; no queremos que otros sepan cuánto tenemos. Nos da vergüenza admitir cuando no tenemos dinero. Podemos hablar todo el día de política, de sexo o de religión, pero cuando se trata de dinero, todo se queda muy tranquilo. No nos gusta cobrar dinero por la cosas que hacemos. No nos gusta recaudar dinero por la cosas que hemos hecho. No nos gusta dar dinero. Nos ponemos muy nerviosos cuando el dinero que esperamos no llega cuando lo esperamos. ¿De dónde sacamos la idea de que hay algo malo con el dinero? ¿Es nuestro trauma de la infancia? ¿Es lo que pensamos que puede hacer el dinero? ¿Es nuestra experiencia de no tener mucho? ¿Es un temor de que el tener dinero nos hará daño de alguna manera? Tal vez, en lo hondo de nuestra conciencia, nos damos cuenta de que el dinero exige respeto. Y eso es algo que nosotros no estamos totalmente listos para hacer.

Yo puedo libre y abiertamente hablar del dinero sin sentir vergüenza ni temor ni culpa.

La abundancia que deseas experimentar debes experimentarla antes en tu mente.

—Ernest Holmes

Abre tu mente, tu corazón y tu alma para aceptar que es la voluntad del Creador que tengas mucho. ¿De qué otra manera puede glorificarse a sí misma la fuerza creativa? Si estás expresando carencia, ¿cómo puedes expresar fe y amor? Hoy, afirma continuamente: "Lo que recibo es más de lo que doy." Entérate de que, mientras lo afirmas, estás recibiendo un aumento sustancial en tus ingresos. Sobrepasará tus mayores expectativas. Sobrepasará todos tus compromisos financieros. Tienes bastante como para que te sobre. Se te abren nuevas puertas de oportunidades. Nuevas ideas están surgiendo. Al abrir tu mente para aceptar tu nuevo y glorioso bien, encuentras nuevas vías para expresar fe y amor. Puede que la abundancia sea una experiencia nueva para ti, pero si abres tu mente, llegarás a entender que la fuente creativa halla un gran placer en darte mucho.

Yo soy un ser abundante que está experimentando el don de tener mucho.

Si piensas que eres pobre, eres pobre.
—Wally Amos

Se dice que es terrible malgastar la mente. Pensamientos de pobreza y carencia son un malgasto del valioso poder de la mente. Para poder experimentar riqueza, éxito y bienestar, hay que entrenar la mente para pensar positivamente. El pensamiento positivo es más que un cliché. Es una actitud que abarca la riqueza de la experiencia humana. La mente es un instrumento que puede transformar lo negativo en lo positivo con una corriente de pensamientos positivos. Muchos de nosotros no tenemos idea de la verdadera riqueza del universo. Estamos tan acostumbrados a la carencia que nada nos parece ser lo bastante. Es sólo a través de la mente, del poder del pensamiento, de la transformación de las percepciones como vamos a poder avanzar de ser pobres a un estado de riqueza consciente. Toma un centavo y comprométete a reunir 999,999 más. Al final acabarás teniendo más que un montón de centavos. Tendrás el comienzo de una fortuna.

Hoy, con mi pensamiento, traeré abundancia, prosperidad y riqueza a mi experiencia.

La culpa, la vergüenza y el dinero van juntos.

Los padres de todas las razas se han reñido y se han despreciado ellos mismos por lo que no pudieron hacer por sus hijos porque no tenían el dinero. Como padre, tú les ofreces a tus hijos un medio ambiente cálido, amoroso y educativo y no debes avergonzarte por las cosas materiales que no les puedes brindar. Hay algo que anda mal en una nación que le da más importancia al dinero que al don más grande de la vida —el amor. Hay algo que anda mal con las personas de una nación que continúa midiendo el valor personal en términos de lo que vale en dinero. Es cierto que el dinero puede hacer la vida un poco más fácil, más cómoda y tal vez más emocionante. El dinero, sin embargo, no es la vida. Amor, padres que te apoyan, buena salud y una mente bien ordenada son absolutamente gratis. Y no hay que sentirse culpables o avergonzados de tenerlos.

El dinero no puede arruinarme ni me arruinará.

¿Lo has tenido? ¿Debiendo? ¿Pidiendo prestado? ¿No lo puedes
tener? ¿No lo puedes comprar?

—Les Brown

Algo anda mal cuando, de niños, se nos mantiene desinformados acerca del dinero. Así que a menudo, debido a que
nuestros padres consideran el dinero como un asunto con el
que hay que luchar, no nos hablan de él. De niños, a muchos
de nosotros no se nos permitía preguntar nada, así que nunca
preguntamos nada acerca de los asuntos financieros. Para
algunos, el dinero fue usado como un castigo o una recompensa. Esto moldeó y configuró nuestro concepto de él. En
otros casos, nuestros padres usaron el dinero como un arma
que usó cada uno contra el otro o contra nosotros. ¿Cómo
podemos esperar ser financieramente responsables si nunca
recibimos instrucciones positivas acerca del dinero? Bueno,
ahora es tarea nuestra. Nos lo debemos a nosotros mismos,
a nuestra autoestima y a nuestro futuro adquirir la idea adecuada acerca del dinero. Muchos de nosotros nos sentimos
avergonzados, culpables o incómodos cuando hacemos preguntas acerca del dinero. Lo que necesitamos aceptar y
darnos cuenta es que esos que hacen preguntas no se pierden
en el camino.

El dinero es nada de lo que deba asustarme.

Cuando te llega el correo con tus deudas, es como si no pudieras respirar.

—Michael Phillips, de *Las siete leyes del dinero*

Cuando estás experimentando caos financiero, tu primer objetivo es liberarte de las deudas. Esto requiere disciplina y estructura. Tal vez te rebeles contra el concepto de disciplina porque da la sensación de que estás siendo castigado. Pero debes darte cuenta de que te estás castigando a ti mismo. Cuando amas más allá de tus medios, si gastas sin un presupuesto, si vives sin un plan, te estás castigando a ti y a tus acreedores. Cuando tienes deudas, gastar dinero sin disciplina significa que estás gastando el dinero de otra persona. Te estás separando de la corriente. Estás obstaculizando tu abundancia. Si la falta de disciplina te puso en deuda, sólo la disciplina de sacará de ella. Por lo duro que sea, por lo injusto que parezca, tu dinero no es tu dinero cuando tienes deudas. Dale lo que tienes a esos a los que debes si quieres tener el derecho de llamar tuyo a tu dinero.

Cuando soy pacientemente disciplinado mi progreso está asegurado.

Nunca te contentes con las migajas de la vida.
—Og Mandino

Si no estás feliz con donde estás en la vida, no tienes que quedarte allí. ¿No mereces algo mejor? ¿No quieres algo mejor para ti y para tu futuro? Bueno, tú eres el único que puede hacer que eso suceda. Por supuesto que has pasado por momentos malos, inclusive algunos realmente devastadores. No hay nada que diga que eso debe ser lo normal. Hay algunos retos muy difíciles y actitudes negativas que confrontarás, pero tú estás equipado para manejarlos. Puede que haya algunas ideas estúpidas acerca de quién eres, de lo que puedes hacer y de hasta dónde puedes llegar. ¡Y qué! ¡La gente también decía que el mundo era plano y que la luna estaba hecha de queso! Lo único que realmente importa es lo que tú piensas, lo que crees y lo que quieres. Si tienes el deseo y la voluntad, el camino se te mostrará.

Lo que tengo por dentro es algo más grande que el problema en el mundo.

Mientras nada se gana, nada se pierde.
　　　　　　　—Proverbio peruano

　Cada día, alrededor del mundo, miles de personas se enferman por la tensión que les produce no tener dinero. Cuando se enferman, están expuestos a una mala atención a su salud debido a que no tienen dinero. Cada día, cientos de personas creativas y talentosas pasan el tiempo sin hacer nada porque no tienen dinero. ¿No tienen dinero para hacer qué? ¿Para pensar? ¿Para ocuparse de ellos mismos? ¿Para crear? Nos han condicionado a pensar que si no tenemos dinero, no tenemos nada. Ese pensamiento está lleno de maldad. Es maldad que nos despoja de nuestra fe en nosotros mismos y en el proceso de la vida. Su oscuridad opaca la luz del potencial humano. Abandonamos nuestros sueños, vivimos por debajo de nuestras propias normas y permitimos que se nos escape de nuestras mismas manos una variedad de oportunidades, porque creemos que si no tenemos dinero no valemos nada. Si tú crees eso, si piensas de esa manera, has sido poseído por un espíritu maligno. Necesitas fe, amor y un deseo apasionado de sacar esa bestia de tu ser.

Yo no carezco de las cosas que realmente importan.

No permitas que lo que no puedes hacer te arrebate de las manos lo que puedes hacer.

—Anónimo

Permanecer enfocado en un proyecto o un plan es uno de los retos más difíciles que nos encaramos. Siempre tenemos que limpiar la casa, llamar por teléfono, doblar la ropa limpia, ver películas, enterarnos de las últimas noticias, cumplir metas y lograr expectativas. Hay tanto que nos hala, que nos distrae, que nos impide hacer lo que decimos —no es extraño que nunca lo hagamos. Realmente, sólo hay una cosa que nos separa de nuestras metas, y eso es la falta de foco. Muy a menudo, la falta de foco es causada por el temor. Falta de foco/miedo significa que puedes encontrar un millón de razones para no hacer lo que dices que quieres hacer. Falta de foco/miedo significa que si haces lo que dices tal vez triunfes. Exito significa que te moverías fuera y más allá del área en que te sientes cómodo. De alguna manera, en algún lugar bien profundo en ti, eso es aterrorizante. La clave es que si te mantienes enfocado, todos esos detallitos aterrorizantes se resolverán milagrosamente. Antes de que te dieras cuenta, estarías donde dices que quieres estar.

Cuando me mantengo enfocado hasta el final, los detalles se resuelven.

Conoce a tus amigos y prosperarás.
>   —*Las máximas de Ptahhotpe*

La abundancia no tiene absolutamente nada que ver con cuánto dinero tienes. La abundancia tiene que ver con sentirse rico y con tener ricos sentimientos. La abundancia es relaciones ricas, experiencias ricas, una mente rica e ideas ricas que le dan un sentido a tu vida. Entender la abundancia es crear lo que quieres sin temor. La abundancia es saber que el vaso está siempre lleno hasta la mitad no importa lo que esté sucediendo. La abundancia es sentirte bien acerca de quién eres, de dónde estás y de lo que tienes porque te das cuenta de que no tienes que quedarte allí. Cuando tu mente es una abundancia de ideas, cuando lo que oyes es una abundancia de amor, cuando tu vida es una abundancia de gente buena haciendo cosas buenas contigo y para ti, eres increíblemente rico. La abundancia comienza en la mente, se extiende a las acciones y trae recompensas con las que puedes contar aún cuando no puedas ponerlas en el banco.

Mi fuente de abundancia es ilimitada.

La suerte y las aceitunas son iguales, a veces se tienen muchas y a veces ninguna.

—Proverbio peruano

El mundo es verdaderamente abundante. Hay suficientes árboles para dar sombra y para crear oxígeno. Hay suficiente césped sobre el que hacer picnics y para alimentar a los gusanos. Hay suficiente agua para nadar, para pescar y para alimentar a los animales del mundo entero. Hay suficiente sol para brillar sobre cada persona. Hay suficientes animales, plantas y minerales para alimentar a todos y a todo. Verdaderamente hay suficiente para todos nosotros. Podemos tener tanto como queramos si tenemos fe, valor, determinación y perseverancia. Nosotros somos los que repartimos las barajas que nos tocan en nuestro juego de cartas. Nuestros pensamientos son las cartas con las que jugamos. Si nos acercamos a la vida como si estuviéramos llenos de triunfos, nos sacaremos el premio mayor. Debemos recordar que nuestras experiencias pueden ser como una carga. Son una realidad, pero si queremos avanzar en la vida abundantemente, debemos desempacar, seleccionar y distribuir esa carga en sus lugares adecuados. Debemos hablar de lo que tenemos, sabiendo que lo hay en abundancia. Debemos dar gracias por la abundancia universal, permitiendo que el mundo sepa que estamos abiertos y listos para recibir cuantas cosas buenas estén disponibles.

Hay tanta abundancia para mí. Puedo tenerla toda.

Debemos aprender a amar a cada uno, a cada cosa, en cada lugar.

—John Randolph Price

Imagínate si el horario de tu trabajo, de tu negocio o de tu escuela fuera un nuevo y ardoroso amante que te atrajera mucho sexualmente. ¿Cómo manejarías la situación? De sólo pensarlo, te vestirías, endulzarías esos sitios secretos y te lanzarías a buscarlo. No dejarías que te dieran una respuesta negativa. Lo cazarías, lo perseguirías, lo seguirías y encontrarías formas ingeniosas de que te notara. Probablemente fantasearías acerca de eso, usando todas las sensaciones de tu pensamiento. Te imaginarías cómo se sentiría y olería e incluso sabrías si pudieras llevarlo al sitio donde lo quieres tener. ¿Qué le dirías? ¿Y cómo te gustaría que te viera? ¿Atractivo, poderoso, exitoso, en control? ¿Y qué le harías a tu nuevo y ardiente amante una vez que le echaras mano? ¿Le pasarías la mano? ¿Lo tocarías íntimamente? ¿Lo acariciarías? ¿O le darías un grande y apretado abrazo mientras le murmuras cosas dulces en su oído? Sólo por hoy, trata a todo lo que hagas como si fuera un nuevo y ardiente amante. ¡Puede que encuentres, sólo por un día, que tu sueño más increíble se haga realidad!

Yo estoy a la búsqueda de un nuevo amor.

Tu actitud acerca de quien eres y de lo que tienes es algo muy pequeño que hace una gran diferencia.

—Theodore Roosevelt

¿Puedes ver, oír y hablar? ¿Puedes caminar, moverte alrededor tuyo y hacer cosas por ti mismo? ¿Comiste hoy? ¿Ayer? ¿Algún día de la semana pasada? ¿Puedes descolgar un teléfono? ¿Encender una luz? ¿Meter una llave en una puerta y tienes un lugar para dormir? ¿Están tus pies adecuadamente cubiertos? ¿Tienes algo que ponerte para vestir? ¿Están funcionando tus pulmones y tus riñones? ¿Puedes respirar sin necesidad de ayuda? ¿Puedes mover tus manos, tus brazos, tus piernas y hacer las cosas que quieres hacer? ¿Hay alguien que te ayudaría si necesitaras ayuda? ¿Hay alguien de quien recibes amor? ¿Hay alguien que conoces que estará ahí sin importar lo que hayas hecho? ¿Puedes reírte cuando quieres? ¿Llorar si necesitas hacerlo? ¿Te permite tu mente saber la diferencia entre estas dos cosas? ¿Hay un árbol al que puedas tocar? ¿Una flor que puedas oler? ¿Puedes pararte debajo de los rayos del sol? Da gracias por cada "sí" que puedas dar y acuérdate de que estás verdaderamente bendecido.

¡Gracias! ¡Gracias! ¡Gracias! ¡Gracias! ¡Gracias!

Con dinero, un dragón. Sin dinero, un gusano.
—Proverbio chino

Muchas personas de color creen que si tienes dinero, puedes hacer todo y cualquier cosa que quieras. No puedes. Otras personas creen que si no tienes dinero no puedes hacer nada. También están equivocados. El dinero es sólo el efecto visible que muestra lo que está sucediendo en tu mente. Mientras más ricos, más fuertes y más claros sean tus pensamientos, más grande será tu suministro de monedas. El dinero no siempre se muestra en forma de billetes y monedas. Gente a la que puedes recurrir, recursos que puedes usar, pensamientos y actitudes —ellos son también la riqueza. Lo que produces en tu vida física es el resultado de la manera en que piensas. Tú eres tu propio dinero. Dinero es: mi propio campo de energía natural. Tus pensamientos, tus palabras, tus sentimientos y tus acciones determinan tu propio valor neto. El camino más rápido para hacer que el dinero aparezca en tu vida es quererte a ti mismo, respetarte y ponerte a trabajar.

Yo soy dinero. El dinero soy yo.

Cuando eres empleado de Dios, Inc., nunca te preocupes de quedarte sin trabajo.

Cuando trabajas para obtener mayor conciencia, conocimiento y entendimiento de ti mismo, estás trabajando para Dios. El objetivo de Dios para ti es que seas lo mejor que puedas ser con lo que se te ha otorgado y que compartas con el mundo lo que haces. Cuando haces lo que te hace feliz lo mejor que puedas, estás trabajando para Dios, Inc. La única razón por la que hemos venido a la vida en este cuerpo físico es para trabajar por y para servir el verdadero ser que llevamos dentro. Esa es la parte de nosotros que lo sabe todo, que lo conoce todo, que lo ama todo y que es infinitamente creativa. Cuando hacemos lo que amamos, somos felices. Cuando hacemos las cosas en las que somos buenos, estamos en paz. Cuando usamos lo que Dios nos ha dado para crear nuestro propio trabajo, nuestras recompensas no vienen del hombre. Cada ser humano tiene el deseo de hacer o de ser algo. Cuando sigues ese deseo, usando tus dones, tus talentos y tus habilidades, nunca puedes estar sin trabajo.

Yo estoy empleado por mi ser divino, que es ilimitado.

La verdadera riqueza de un hombre es el bien que él hace en el mundo.

—Mahoma

En muchas tradiciones africanas, asiáticas y de los indios norteamericanos, la riqueza de una persona se mide por el bienestar de sus hijos. La tradición exige que traigas a tus hijos al mundo para continuar tu trabajo y para hacer contribuciones adicionales al bien del mundo. Si no tienes hijos, tu riqueza se mide por lo que haces. ¿Vendes buenos productos? ¿Creas buenos artículos? ¿Ofreces un buen servicio? ¿Habla bien de ti la gente? ¿Te busca la gente para obtener lo que tienes? ¿Haces tratos honestos con la gente? ¿Eres una persona de palabra? ¿Se puede depender de ti? ¿Eres fiable? ¿Se puede confiar en ti? Tu reputación es tu riqueza. Tu trabajo es una parte de tu reputación. Si quieres acumular riquezas, da a lo que haces lo mejor que tienes.

Yo soy mi mayor producto. Yo soy mi mayor servicio.

Aquel que nada sabe, nada duda ni nada tema.
—Proverbio mexicano

No puedes adquirir ni adquirirás riqueza haciendo un trabajo que no te gusta. A cualquier cosa que hagas usando la energía de tu vida, debes estar dispuesto a darle todo de ti. Mientras más de ti pongas en tu trabajo, más recompensas te traerá. Estamos entrenados para pensar en sentir lo contrario: si me pagas más, yo trabajaré más. De acuerdo a las leyes de la abundancia, eso no funciona así. Tu empleo, tu trabajo, tu tarea en la vida debe ser la chispa que alimente tu fuego. Debe ser una pasión que persigues. Debe gustarte lo suficiente como para hacerlo de gratis. ¡Debes estar dispuesto a mantenerte junto a eso, en los tiempos buenos y los malos, dándole todo lo que eres todo el tiempo que puedas! Tienes que saborearlo, olerlo, conocerlo aunque estés despierto o dormido. Si no tienes una pasión profunda por tu trabajo, realmente tienes que buscar otra cosa que hacer.

Yo estoy dispuesto a trabajar en lo que me gusta.

La riqueza no consiste en tener grandes posesiones sino en tener pocas necesidades.

—Epicuro

Debes sentirte satisfecho con lo que eres y con lo que tienes si quieres ser verdaderamente rico. Satisfacción no significa que debes quedarte donde estás; sencillamente significa que no tienes necesidades urgentes. Satisfacción no significa que no puedas querer y hacer más por ti mismo; significa que estás en paz. La paz que trae la satisfacción es la tranquila paz de la mente. Con una mente tranquila puedes pensar y soñar; también obtienes información acerca de lo que debes hacer. Cuando tu mente no está llena de desesperación y duda, está preparada para ideas inspiradas. Nuestras necesidades nos quitan la paz del momento; nos mantienen encerrados en la privación y la carencia. Cuando sentimos que nos falta algo, no estamos agradecidos porque no podemos ver lo que tenemos. Debemos aprender a contentarnos con la abundancia de donde estamos si queremos llegar a salir de ese lugar.

Yo soy rico aquí y ahora mismo.

Todo tiene remedio, menos la muerte.
—Proverbio puertorriqueño

Si estás esperando que algo suceda antes de que comiences lo que quieres hacer, nunca sucederá. Si estás esperando obtener algo antes de hacer lo que dices que quieres hacer, nunca comenzarás. Si estás esperando por el momento adecuado, la persona adecuada, las circunstancias adecuadas, tal vez esperes por siempre. Vamos a ver, ¿qué puedes hacer ahora mismo? ¿Puedes escribir una carta? ¿Hacer una llamada? ¿Finalizar un plan? ¿Estructurar una meta? ¿Puedes seleccionar un nombre? ¿Pintar una pared? ¿Hacer una pregunta? ¿Barrer el piso? ¿Estructurar un horario? ¿Puedes leer un libro? ¿Puedes dejar de hacer todas las cosas que haces que evitan que hagas lo único que quieres hacer? ¿Puedes rezar? ¿Puedes cantar? ¿Puedes bailar donde mismo estás? Sea lo que sea lo que hagas, lo mejor es que lo hagas ahora mismo. El ahora es lo único con lo que tienes que trabajar.

Yo voy a vivir en el momento.

1 de diciembre

Solamente a través del orden nacen las grandes cosas.
—*La sabiduría de los taoístas*

No hay manera de que lo bueno, la abundancia y el éxito lleguen a ti si tus asuntos no están en orden. El universo es un sistema ordenado de actividades y eventos. Las cosas fluyen hacia dentro, hacia fuera y a través. Cuando nuestro hogar, nuestro medio ambiente, nuestras cuentas y nuestras actividades no están en orden, el flujo universal pasará por nuestro lado sin detenerse. Debemos reconocer y practicar el orden divino si queremos el éxito final. Debemos pagar nuestras cuentas a tiempo, manteniendo un registro organizado y estructurado de lo que pagamos y de cuándo lo pagamos. Dale a cada cual lo que se le debe. Si tenemos deudas con alguien, paguémosle. Si no podemos pagar la cantidad acordada, paguemos algo —y paguemos consistentemente y a tiempo. Piensa que le estuvieras dando a Dios. Si no le damos a Dios, ¿cómo esperamos que Dios nos dé a nosotros? Uno de los grandes enemigos del éxito es vivir al día. Creyendo que no tenemos bastante, dejamos de pagar, ahorrar y dar. En el flujo universal, vivir al día no funciona. Si no estamos viviendo en orden continuaremos viviendo al día, día a día.

Yo tengo bastante para pagar, ahorrar y dar.

Hay una fuerza espiritual en el universo la cual, si la dejamos, flotará a través de nosotros y producirá resultados milagrosos.
—Mahatma Gandhi

Cada uno de nosotros de cierta forma trata de elevarse a una nueva altura, a una mejor posición, a una mejor manera de vivir. Por desgracia, por eso es que no llegamos a donde queremos estar, porque estamos tratando de hacerlo. El poder está donde mismo estamos. El poder es la esencia de todo lo que es bueno. El poder es divino. Cuando creemos en el poder y buscamos hacer contacto directo con él, el poder, no nuestro yo interior, traerá a nuestras vidas las cosas mismas por las que estamos luchando. El poder operará en todos nuestros asuntos, andando delante de nosotros para preparar nuestro camino. El poder quiere alegría, paz, salud perfecta, riqueza abundante y relaciones llenas de amor para nosotros. El poder es el espíritu viviente interior que está enterrado debajo de la personalidad, el ego, las percepciones, los miedos y las dudas. El poder es la verdad de quiénes somos. El poder está disponible; todo lo que tenemos que hacer es invitarlo a que salga adelante y quitarnos de su camino.

Hoy, yo estoy unido con el espíritu viviente que hará el trabajo a través de mí y por mí.

Las personas que tienen 10 millones de dólares no son más felices que las que tienen nueve millones.

—Hobart Brown

Tú no quieres ser rico y tener un cuerpo enfermo. Tú no quieres estar saludable y no tener dinero. Tú no quieres tener buena salud, riqueza abundante y malas relaciones. Tú quieres tener todo lo bueno. Tú quieres disfrutar todos los aspectos de la vida abundantemente. Tú quieres que eso llegue de fuentes conocidas y de fuentes inesperadas. Tú quieres tener más, dar más y obtener más. Para poder hacerlo, debes pensar abundantemente. Hablar abundantemente. Hazlo todo de manera abundante. Descansa bien. Vístete bien. Come bien y actúa correctamente. No puedes lograr abundancia con pensamientos, palabras y acciones feas. La abundancia es un reflejo directo de tu preparación de vivir abundantemente. Las personas que son abundantes no se preocupan de lo que los demás están haciendo. Las personas que esperan abundancia no se contentan con vivir con carencia. Las personas que están listas para la abundancia mantienen sus cabezas en alto, sus ojos abiertos y dan gracias por todo lo que obtienen.

Yo quiero que todo me haga prosperar abundantemente ahora.

La vida no es un problema. Si vivimos, vivimos; si morimos, morimos; si sufrimos, sufrimos; parece que el problema somos nosotros.

—Alan Watts

¿Qué es la prosperidad? Un estado mental. Una actitud funcional que atrae a ti todas las cosas buenas de una manera abundante. ¿Cómo obtienes prosperidad? Espérala. Pide siempre lo más grande y lo mejor; nunca dudes de que va a llegar. ¿Cómo luce la prosperidad? Mira al espejo. Tú eres prosperidad. Prosperidad es tu derecho de nacimiento. Es asunto tuyo reconocer tu libre acceso a un suministro inacabable de todas las cosas buenas y dignas de desear. Tú naces en la prosperidad. Es tu herencia como hijo del reino, como hijo del universo. Se te ha dado un cuerpo capaz de hacerlo casi todo. Es asunto tuyo convencer a tu mente de que tú puedes. Se te ha dado poder, dominio y autoridad sobre todo en el mundo. Es asunto tuyo cómo lo usas.

Cuando me miro, estoy viendo prosperidad.

Qué bello es no hacer nada y descansar después
—Proverbio español

Adelante, tómate un momento para pellizcarte. Vamos, pellízcate. ¿Lo sientes? Estás vivo. Tienes otra oportunidad para arreglar este asunto. Si lo arreglas, tienes más oportunidades para mantener y demostrar lo bueno que eres. Adelante, pellízcate otra vez. No te han trasladado al cementerio. No han tirado tierra sobre tu rostro. Todavía puedes sentir la nieve sobre tu rostro, la lluvia sobre tu cabeza y el fuego bajo tus pies. Estás vivo. Eso es realmente todo lo que hace falta. Un poco de tiempo, la oportunidad y el deseo. Si quieres abundancia, pellízcate. Si quieres éxito, pellízcate. Si quieres relaciones buenas y llenas de amor, pellízcate. Si realmente quieres algo bueno en tu vida, deja de pellizcarte y sale a buscarlo.

Todo lo que hace falta es un poco de vida.

No tenemos por qué estar en el fondo. Nacimos para estar en la cima.

—The Thunder Brothers

¿Conoces gente que dice, "Yo no quiero mucho dinero"? Tal parece que piensan que si tuvieran mucho dinero, la gente les pediría cosas. Si tuvieran mucho dinero, deberían estar dispuestos a compartir. ¿Y qué de esa gente que dice, "El dinero no lo es todo"? Ellos tienen razón; el dinero no lo es todo, pero si no lo tienes, no tendrás nada. ¿Has oído, "El dinero causa problemas"? No lo creas. Es lo que la gente hace con el dinero, lo que hace por el dinero, lo que hace porque no tiene el dinero lo que causa el problema —no el dinero. ¿Y qué tal de, "Parece que no puedo aguantar el dinero"? No debes aguantar el dinero. Debes mantenerlo fluyendo, usarlo sabiamente, gastarlo libremente, darlo y compartirlo con amor. El dinero tiene un rostro. Tiene ojos y orejas. Si no tienes cuidado acerca de lo que dices acerca del dinero, éste tiene el poder de mantenerse lejos de ti.

El dinero se siente bien conmigo.

Actúa de la manera en que quieres ser y pronto serás de la manera en que actúas.

—Dr. Johnnie Coleman

La próxima vez que alguien te diga, "¿Cómo estás?" trata de dar esta respuesta: Estoy completo. Estoy entero. Estoy perfecto. Estoy feliz. Estoy como dinamita. Estoy lleno de amor para dar y para recibir, estoy recibiendo amor del bueno a montones. Estoy en buena posición económica y prosperando. Todo lo tengo resuelto. Estoy disfrutando de las riquezas de la vida. Estoy prosperando aquí y ahora. Estoy recibiendo ricas recompensas, inclusive mientras duermo. Soy un hacedor de milagros que está esperando un milagro en este momento. Estoy tranquilamente en paz. Estoy haciendo lo que hay que hacer. Estoy diciendo lo que hay que decir. Estoy reclamando la victoria en este momento. Estoy experimentando el éxito. Estoy lleno de riqueza. Estoy viviendo por pura gracia divina. Estoy creyendo. Estoy basado en la fe. Estoy camino de la cumbre. Estoy como estoy porque no puedo estar de otra manera. ¿Y cómo estás tú, querido?

Mientras lo digo, lo soy.

AVISO A LOS HUESPEDES: Si hay algo que usted desea y no lo ve, por favor, déjenoslo saber, le enseñaremos como puede resolver sin eso.

—Mary McWilliams Fadden

¿Cuántas veces has permitido que una oportunidad se te escape porque pensaste que no estabas preparado? Si te sientas allá esperando que algo suceda, cuando eso suceda acá, vas a estar sentado allá. Si hay algo que crees que será mejor para ti que lo que tienes ahora, ve a buscarlo. Mira los retos, enfrenta los obstáculos, elimina las barreras, tantea las aguas e imagina lo mejor que podría suceder en cada situación. Es sólo cuando te permites soñar, ver, sentir lo que deseas cuando llegará a hacerse realidad. Todo sucede dos veces. Primero por dentro, luego por fuera. Debes crear lo que deseas dentro de tu corazón y tu mente antes de que puedas esperar verlo en tu mundo. No puedes construir la vida que deseas basado en estímulos exteriores. Si no está en tu mundo, es porque tú no lo has creado. Así que, ¿qué estás esperando?

Dentro de mí hay un mundo que está esperando suceder.

Tú no necesitas nada para experimentar prosperidad.
—Wayne Dyer

Tal vez sientas que el dinero hará la vida más sencilla. Puedes comenzar a diseñar una vida más sencilla ahora mismo, sin dinero, desarrollando cualidades tales como paz interior y haciéndote más organizado en tu vida. Cualquier cosa que creas que el dinero te va a traer, puedes comenzar a sentir esas cualidades dentro de ti ahora mismo e irradiar esas cualidades hacia fuera a través de tus pensamientos, tus palabras y tus acciones. Los sentimientos ricos atraen experiencias ricas. A medida que piensas, la sustancia misma del universo crea el conjunto de circunstancias que producirán esa experiencia. Pensar y sentir van juntos. Pensar es la facultad masculina que todos llevamos dentro, sentir es la facultad femenina. Cuando integras tu pensamiento y tu sentimiento, tienes un matrimonio que producirá hijos —ideas. Con una idea tienes una oportunidad de crear para lo que quieras. Comienza, hoy, a hacer realidad tu bien por medio de tu pensamiento y tu sentimiento.

Todo lo que quiero lo tengo ahora.

Tú sobreviviste a 100,000 otros espermatozoides para llegar aquí. ¿Qué quieres decir con eso de que no sabes qué hacer?

—Les Brown

Las estrategias y los planes mejor trazados son inútiles a menos que tú esperes triunfar. Y desde antes que comiences debes saber que vas a triunfar. Cuando sabes que vas a triunfar, puedes preparar tu discurso de la victoria y el vestido que llevarás en la ceremonia de premiación desde el día antes que se anuncien los premios. Cuando eres un triunfador, aprendes a recibir un triunfo como quiera que llegue. Nunca dejes que un triunfo te tome desprevenido. Acepta tus triunfos con calma. Entiende que ellos constituyen un suceso diario para ti porque desde el principio tú esperabas triunfar. Nunca permitas que las dudas te crucen la mente; ellas son lo único que pueden robarte tus triunfos. Triunfa en grande. Triunfa en pequeña escala. Triunfa por ti mismo. Triunfa por los demás. Aprende a reconocer los triunfos y cuando lleguen, anótaselos a la vida.

Yo soy de la especie que triunfa.

Una cadena de eventos en secuencia llamados crecimiento harán salir los frutos de las semillas.

—Rev. Joe Hill

Un buen granjero no se preocupa por el tiempo. El siembra su semilla, pone gran cuidado en cultivar el terreno y sabe que las semillas darán su fruto. Un buen granjero no siembra cuando el viento está soplando; él espera hasta que haya paz y calma. Entonces abre los huecos cuidadosamente y coloca en ellos las semillas con amor y una plegaria. Tú eres un granjero. Tus pensamientos son las semillas que siembras; ellos son la causa de todas las condiciones de tu vida. Tu éxito, tu salud, tu riqueza, y todas tus relaciones son los frutos de las semillas que has sembrado. Si quieres una cosecha abundante y frutos saludables debes cultivar cuidadosamente el terreno de tu conciencia. Libérate de las malas hierbas de la duda, el temor, la crítica y el juzgar a los demás y a ti mismo. Limpia las piedras del campo de tu mente; deja de lamentarte, quejarte y culpar a los otros granjeros por echar a perder tus cultivos. Siembra cada pensamiento con cuidado y una plegaria si quieres obtener una gran cosecha de mieses saludables.

Hoy estoy sembrando cosas buenas en el campo de mi mente.

No sabemos cómo celebrar porque no sabemos qué celebrar.
—Peter Brook

¡Adivina! Hoy vamos a dar una fiesta para ti. Tú eres una de nuestras personas favoritas en todo el mundo. Tú eres todo eso de lo que se trata la vida y tú lo sabes. Así que vamos a celebrarlo. ¡Suéltate el pelo! ¡Tira tus zapatos! ¡Abre las ventanas, las cortinas, las persianas! ¡Sube el volumen y vamos a hacerlo por ti! Vamos a celebrar tus grandes y pequeñas victorias. Vamos a celebrar las cosas que hiciste que pensaste que no podías hacer, pero las hiciste de todas formas —y funcionaron. Vamos a celebrar porque millones de personas no lo lograron y tú fuiste uno de los que lo hiciste. Vamos a invitar a todo el mundo para celebrar que seas quien eres. Vamos a tener una tremenda fiesta en tu honor. De eso es de lo que se trata la vida. Vivir, reír y amar; no preocuparse, trabajar y lamentarse. Así que, vamos, relájate, libérate, levántate para poder festejar —¡vamos a bailar!

Hoy es mi día para dejar que lleguen los buenos tiempos.

13 de diciembre

Ve y abre la mansión del alma; cuando encuentres los poderes del cielo, te sentarás con ellos.

—El libro de aparecer por día,
traducido por el Dr. Maulana Karenga

Donde esté tu corazón, allí estará tu tesoro. Tu corazón es un sitio de silencio y comunión. Tu corazón guarda los secretos de tu alma; el sendero de tu destino. Tu corazón anhela tus deseos y los sitúa fuertemente en tu mente. Es la llave de todo lo que quieres ser. Debes tener fe en tu corazón y confiar en todo lo que te dice. Nunca traiciones a tu propio corazón o te perderás. Tu corazón es el que cuida la entrada hacia tu alma. El nunca te juzgará, nunca dudará de ti, porque tu corazón sabe exactamente quién tú eres. Mantén a tu corazón libre de sufrimiento. Deja que él te guíe en todos tus caminos. Cuando las cosas no son como tú sabes que debieran ser, refúgiate tranquilamente en los recursos de tu corazón. Tú conviertes a tu corazón en un misterio. No le pides consejo. Cuando tu corazón siente la carga de un problema, tú crees que otros pueden librarte de ella. Si conocieras realmente a tu corazón nunca dudarías del valor que tiene para ti. Dios nos habla a través de nuestros corazones porque todo lo que Dios es, es amor.

Dios está en el centro de mí. Donde quiera que yo esté, está Dios.

Habla mucho. Piensa mucho. Da muchas gracias.
—Rev. Joe Hill

Abre tu clóset. ¿Ves los zapatos, los abrigos, los pantalones, los vestidos? Ahora, recuérdate que tienes bastante. Mira hacia fuera de la ventana. ¿Ves un árbol? ¿La hierba? ¿El cielo? Ahora, recuérdate que tienes bastante. Mira a un niño. Mira a los niños, las ideas que están por nacer, las experiencias que habrán de tener, las cosas que deben aprender. Ahora, recuérdate que tienes bastante. Mira el sol, la luna, el océano, las estrellas. Piensa en el verano, el invierno, la primavera, el otoño. Ahora, recuérdate que tienes bastante. Abre una llave de agua. Sale aunque digas o no digas gracias. Ahora, recuérdate que tienes bastante. Échale una mirada al periódico y pregunta cuántos árboles hicieron falta para hacerlo. Ahora, recuérdate que tienes bastante. Piensa en tu corazón, tus pulmones, tus riñones y tu hígado. Ahora, recuérdate a ti mismo que tienes bastante. Acuérdate de que la computadora es un intento de recrear la mente humana. Tú tienes una mente. Ahora, ¿no es eso bastante?

Yo soy bastante. Yo tengo bastante.

A Dios rogando y con el mazo dando.
> —Proverbio puertorriqueño

Ernest y Julio Gallo nos han dicho por muchos años, "No venderemos ningún vino antes de su tiempo". La vida nos trata de manera bastante parecida. Estamos apegados a lograr las cosas rápidamente. Lo queremos todo ahora mismo. Hacemos planes y programamos lo que queremos y cómo vendrá. Cuando las cosas no nos salen como deseamos, lo consideramos un fracaso. No importa lo duro que empujes o insistas o exijas, todo sucede cuando se supone que suceda; todo llega a su tiempo. Nosotros en realidad no estamos en control del universo, que es tanto más grande que nosotros. Nuestro ego nos dice que tomemos control de nuestro tiempo, pero lo que realmente hacemos es crear confusión y tensión. No podemos precipitar nuestra victoria; no podemos abreviar nuestras penas. Todo sucede cuando tiene que suceder; todo el mundo está siempre donde necesita estar. Nunca perderás lo que fue hecho para ti, aún si te llega por un camino indirecto. Cuando nos relajamos y seguimos nuestra guía interior, obtenemos todo lo que debemos tener. Cuando nos precipitamos tratando de lograr las cosas, tal vez todo lo que obtengamos sea desilusión.

Yo tengo tiempo de tomarme mi tiempo.

Todo lo que tienes que hacer para recibir tu herencia divina es cambiar tu vieja manera de pensar.

—John Randolph Price

Hay esta cosa que se mueve alrededor de nosotros. Si no andas con cuidado, se te pegará. Si lo hace, te sacará todo lo que tienes. Te chupará hasta dejarte seco y te abandonará dándote por muerto. Esta cosa es el Espíritu del Haz-Haz. Ataca tu cerebro. Puede volverte loco. Nunca te deja descansar. Siempre te está diciendo lo que tienes que hacer. ¡Haz esto! ¡Haz aquello! ¡Hazlo rápido! ¡Hazlo mejor! ¡Hazlo velozmente! ¡Hazlo ahora! ¡Hazlo hoy! ¡Hazlo por mí! ¡Hazlo por el dinero! ¡Hazlo o te va a pesar! ¡Hazlo otra vez! ¡Mejor que lo hagas! ¡Mejor que no lo hagas! ¡Te vieron hacerlo! ¡Debes hacerlo! ¡No debes tratar de hacerlo! ¿Cuándo lo harás? ¿Cómo lo harás? ¿Por qué querrías hacerlo? ¿No puedes hacerlo! ¡Sería mejor que lo hicieras! ¡No se te ocurra hacerlo! Sólo hay una forma de liberarte del Espíritu del Haz-Haz. Cierra los ojos, respira hondo y repite cien veces:

Fuente Padre/Madre, ¿qué querrías que hiciera?

Ser latina es mi mayor ventaja.
—Niely Galán

A estas alturas ya sabes que aquellas cosas en las que enfocas tu mente se desarrollan. Esto es clave para las mujeres. A las mujeres las cosas no se les hacen más difíciles que a los demás. Es un problema de lo que ellas creen. Las mujeres deben moverse hacia un entendimiento más profundo de sus propios poderes creativos. Las mujeres crean, los hombres dirigen. Las mujeres son las co-creadoras junto a la fuerza de Dios; ellas pueden manifestar vida. Las mujeres traen a la vida lo que es sembrado a través del poder nutridor del amor. Si las mujeres quieren éxito, prosperidad, salud o buenas relaciones en sus vidas, ellas deben aprender cómo hacer que se manifiesten. No es empujando, forzando, exigiendo como han de venir. Mejor te trasladas hacia tu lugar y espacio sagrados; usa el ojo de tu mente, cuídate y quiérete a ti mismo y a los demás y deja que el poder del amor fluya a través de ti.

Hoy me haré saludable y rico a través de mi amor a mí mismo.

Dar y recibir son una sola cosa en la verdad.
—*Un curso de milagros*

Sólo hay una mente. La mente del Creador. Cada ser viviente es una idea en la Mente Divina. No estamos separados, como parece ser. Estamos unidos a través del tremendo poder del aliento. Como somos uno solo, no puedes regalar nada; sólo te lo puedes dar a ti mismo. Sea lo que sea lo que des, hagas lo que hagas, estás dándole y haciéndole a una expresión de la Mente única. Si das bien, recibirás bien. Si haces daño, sentirás sus efectos. Si entendemos el concepto de la Mente Divina, sabemos que no es cierto eso de robarle a alguien. Sólo te puedes quitar a ti mismo. Ya sea la culpa, la vergüenza o el temor lo que te causa el dolor, te quitarás de ti mismo aquello que crees que estás quitándole a otro. Cuando das, recibes. Cuando recibes, eso es un reflejo de lo que das. Ya que todos somos uno en la Mente Divina, debemos comprometernos a dar siempre lo mejor.

Hoy me daré amorosa y libremente a mí mismo.

Cada uno de nosotros lleva a su amigo y a su enemigo dentro de sí mismo.

—Proverbio costarricense

En este momento, en medio de una situación económica no muy buena, muchas personas demuestran riqueza y abundancia. Estos individuos han superado los pensamientos y creencias dominantes de la conciencia general de que el dinero está escaso. Por desgracia, muchas personas todavía creen que no pueden vivir de día a día; que no lograrán pasar la semana; que no tienen con que pagar lo más necesario; que no saben qué hacer para obtener del cada vez más escaso suministro de dinero. Muchas personas que piensan de esta manera son personas de color. Nos han hecho creer que nunca podremos mantenernos por nosotros mismos, que nunca seremos capaces de satisfacernos, capaces de sostenernos. Somos dependientes del sistema para mejorar, para darnos una oportunidad, para que nos cuide. Muchos de nosotros todavía creemos que el sistema puede proveernos y nos proveerá del remedio económico que necesitamos — *¡Hasta hoy!* Escucha esto ahora, *¡Dios no tiene problemas financieros!* Todo lo que Dios hizo es capaz de satisfacerse a sí mismo, y a tí también. Si quieres saber qué hacer con respecto al dinero, pregúntale a Dios.

Querido Dios, gracias por proveer cada una de mis necesidades.

El dinero no es consejero.

—Proverbio peruano

Cada día, nuestros cinco sentidos le llevan millones de mensajes a nuestros cerebros. No recordamos los mensajes porque son filtrados a través de la mente consciente dentro de la mente inconsciente. Son filtrados, pero no se van, y ellos, los pensamientos inconscientes, gobiernan nuestras actitudes y comportamientos. Necesito un poco de dinero.. Nadie tiene dinero... El dinero está escaso... Los precios están demasiado altos... Reduce los gastos... Los mensajes que recibimos estancan nuestra conciencia de abundancia. Es muy difícil pensar y sentir la prosperidad cuando la apariencia de la carencia y la limitación nos está esperando en cada esquina. Sin embargo, mientras no cambiemos nuestras mentes acerca de lo que estamos oyendo y pensando, continuaremos sintiéndonos necesitados de dinero. Crea en tu mente las imágenes de lo que deseas. Ve tu vida de la manera que la deseas. Escribe los cheques y los sobres de tus deudas antes del día de pago. Cuando estás en la compañía de personas que se sienten necesitadas de dinero, déjales saber que la carencia no es algo que te preocupa.

Mi estado mental es de prosperidad.

Los hispanos deberían decir lo que piensan y ser afirmativos. La honestidad intelectual trabaja horas extras.
—Emilio Alvarez-Recio

La mayoría de nosotros no trabajamos porque queremos; trabajamos porque pensamos que tenemos que trabajar por el dinero. El problema es que eso es todo lo que hacemos. Olvidamos que la vida es más que el trabajo. La vida es también equilibrio. Para tener equilibrio, debemos hacer algo más que trabajar. ¿Qué tal divertirnos? Necesitamos diversión para mantener nuestras mentes libres del trabajo. ¿Y qué del descanso? No dormir sólo para estar listos para el trabajo del día siguiente, sino descansar la mente y el cuerpo de toda actividad. ¿Qué tal de la soledad? Tómate una hora o quizás un día alejado de la bulla y el trajín de la vida y la gente. A eso se le llama un receso de salud mental. No olvidemos a la mente. Educación. Ayuda a que la materia gris que está allá arriba no se te ponga polvorienta. El trabajo es necesario, pero no es lo único que se necesita para avanzar. Sólo trabajo y ninguna diversión puede que nos dé una cuenta de banco balanceada, pero también puede darnos una mente desequilibrada.

Hoy descansaré, me relajaré y me divertiré.

Si no lo haces de manera excelente, no lo hagas en absoluto.
Porque si no es excelente, no será provechoso ni divertido.
—Robert Townsend

Toma tanto tiempo hacer algo realmente bien como toma hacer cualquier cosa que resuelva el problema. Lo que resuelve el problema no es lo mejor que tú puedes hacer. La excelencia lo es. Si quieres prosperidad, riqueza, abundancia en todas las áreas de tu vida, haz lo que haces con excelencia. La excelencia exige un compromiso, una fuerza que sale de tu alma. La excelencia es una fuente de poder y un modo cierto de asegurar que tu producto o servicio estará en demanda. La excelencia exige orden, la ley primera de la prosperidad. Cuando te has comprometido con la excelencia debes pensar ordenadamente, comportarte ordenadamente, conducirte de una manera ordenada y realizar tus tareas en orden. La excelencia es flexible. No se empeña en un camino específico, sino que usa lo mejor de todos los caminos para hacer el trabajo. La excelencia es cooperación con la naturaleza y con las fuerzas más poderosas. Cuando estás comprometido con la excelencia, el objetivo te ayuda a mantenerte enfocado en lo tuyo, no en lo que alguien o todos están haciendo. La excelencia es la manera de perfeccionar tus habilidades, crear demanda y poner dinero en tu bolsillo. Hazlo con excelencia.

Yo estoy comprometido con la excelencia en todas las formas.

Hay bastante en el mundo para que todos tengan bastante para vivir felizmente en paz y llevarse bien con sus vecinos.
—Harry S. Truman

La manera más rápida de bloquear la corriente de bien que va hacia ti es tenerle envidia a otro. Tal vez de alguna manera creemos que es nuestro deber juzgar lo que los demás hacen. Cuando ellos reciben o logran más de lo que hubiéramos esperado, nos volvemos aún más críticos —y a veces nos enfurecemos. ¿Es la ira realmente el temor de que la persona se irá y nos abandonará? ¿O es temor de que no hay suficiente para todos? Hay tres principios de prosperidad que debemos observar para asegurar que recibiremos nuestro bien: (1) Pide lo que quieres, (2) Regala lo que quieres, (3) Estate dispuesto a ver a otra persona obtener lo que tú quieres antes que tú. Cuando seguimos estos principios, demostramos nuestra fe en que, no importe lo que tengamos, hay más que suficiente para todos.

Yo contemplo mi bien en tu bien

Aquel que tiene mucho en la tierra tendrá poco en el cielo.
—Proverbio cubano

Si tienes muchas cosas no puedes ir y venir libremente por la vida, no eres próspero. Si tienes cosas que hacer y que proteger que piensas que otros pueden quitarte, no eres próspero. Si no te sientes cómodo contigo mismo en ningún lugar, no eres próspero. Si crees que otros pueden robarte tus ideas, tu pareja, tus cosas, no eres próspero. La prosperidad es un estado mental. Cuando la preocupación o el miedo llenan tu mente, no puedes ser próspero. Si sabes que comerás aunque no tengas un centavo, eres próspero. Cuando puedes amar y dar todo lo que tienes, eres próspero. Cuando haces lo que te gusta hacer sin pago ni recompensa, eres próspero. Cuando haces lo que puedes porque puedes, no sólo por el dinero, eres próspero. Cuando amas a los demás por quienes son, no por lo que te puedan dar, eres un ser saludable. La prosperidad es un estado mental.

Mientras más ricamente pienso, más rico soy.

25 de diciembre

Si Dios nos hizo, no tenemos nada de qué asombrarnos.
—Proverbio cubano

Sólo por hoy, permítete abrazar todo lo que eres en todo momento. Date cuenta de que eres un conducto de luz. Permítete liberar todas tus dudas acerca de tu habilidad, los errores del pasado, el temor al futuro. Sólo por hoy, recuerda que tienes gracia divina. Se llama aliento. Tienes una conexión con la Mente Divina, la fuente de poder del mundo. Sólo por hoy, recuérdate, "Soy uno con Dios. Soy uno con todo el poder que existe." Sólo por hoy, sé un niñito. Considera que el mundo es seguro. Considera que eres amado. Considera que ahí mismo donde estás, está Dios. Sólo por hoy, sé libre. Sé alguien lleno de paz. Sé amoroso contigo mismo y con los demás. Considera que nada bueno te faltará. Sólo por hoy, alaba y da gracias por todo para dejarle saber al universo que estás listo para recibir más.

Que la luz brille hoy sobre mí. Doy alabanza y gracias.

Que por todos lados estén nuestras voces, nuestros ojos, nuestros pensamientos, nuestro amor, nuestras acciones, respirando esperanza y victoria.

—Sonia Sánchez

En el siglo veintiuno el poder está con la gente. La gente es la fuerza que hará o destruirá el mundo según lo conocemos hoy. La gente es la única voz que importa. La gente tiene el poder de crear el mundo que quiere ver. El poder son sus pensamientos, sus palabras, sus acciones de uno hacia otro. ¿Quién es esa gente? No son los curas, los jefes de estado, los presidentes. La gente son esos que pueden rendir su ego, abrazarse a sí mismos tal como son y hacer lo que han sido enviados a hacer. La gente son esos que saben que no están al mando; en vez de eso, esa gente da gracias a la Fuente Creativa de la vida. La gente son esos que controlan su respiración, que conocen sus cuerpos y que usan ambos para enseñar a los otros cómo hacerlo. La gente son los niños. La gente son las mujeres. La gente son los ancianos. La gente son los hombres que aman, nutren y protegen a los niños, a las mujeres y a los ancianos. La gente es la luz.

Hoy yo soy una persona de poder.

En este mundo lo que nos da la razón no es lo que tomamos sino lo que damos.

—Henry Beecher

Hay un principio muy sencillo que la gente parece no acabar de entender —lo que das, es lo que recibes. La gente encuentra difícil creer que es necesario primero dar y dar de manera correcta. Si sólo das para recibir, no recibirás. Si das por miedo, no recibirás. Muchas personas de color no creen que tienen suficiente como para dar. Eso es porque tal vez estén pensando solamente en términos del dinero. Si no tienes dinero, da de tu tiempo, tu talento y tu energía. Da una sonrisa. Da una plegaria. Da anónimamente sin esperar reconocimiento. El espíritu con el que das determina la manera en que recibirás. Si das libremente, alegremente y con ganas, recibirás abundantemente. A medida que das lo que tienes, lo que no estás usando, se te hace posible recibir otra cosa en su lugar. Da de ti, de tu conocimiento y de la información que has recibido, y entonces prepárate para que se derramen sobre ti las bendiciones. Y, por cierto, no esperes que va a regresar a ti de la misma persona a quien se lo diste.

Hoy me doy amorosamente y por entero a todos los que necesiten algo.

Con la vara que mides te medirán.

—Proverbio chileno

¿Puedo continuar viviendo con carencia y limitación, negándome a mí mismo el abundante bien del mundo? ¿O puedo hacer un plan, perseguir un sueño, hacer lo que pueda, desde donde estoy, con lo que tengo? ¿Puedo? ¿Puedo? ¿Puedo continuar aceptando la idea de que no hay bastante, de que no soy bastante, contentándome con cualquier cosa que pueda lograr? ¿O puedo hacer lo mejor que pueda en cada situación, esperando lo mejor de cada situación, reconociendo que lo que entrego debe regresar a mi multiplicado por diez? ¿Puedo? ¿Puedo? ¿Puedo continuar viviendo con temor, quejándome de lo que no tengo, de lo que no puedo hacer, criticándome a mí mismo y a los demás? ¿O puedo arriesgarme, encontrar una oportunidad y saber en mi corazón que lo que quiero hacer es posible? ¿Puedo? ¿Puedo? ¿Puedo culpar al mundo, odiar a mi enemigo, sentir lástima por mí mismo como una excusa para no hacer lo que deseo hacer? ¿O puedo elevar mi conciencia, verter amor en toda situación y hacerme responsable por mí mismo? ¿Puedo? ¿Puedo? ¿Puedes tú?

Yo tengo la responsabilidad de hacer todo lo que pueda hacer.

Las latinas tenemos más retos en nuestras vidas y eso nos hace más fuertes.

—Ramona Martínez

¿Veo algo que necesito hacer y que no estoy haciendo? ¿O sólo veo lo que otros podrían estar haciendo y no hacen? ¿Lo veo? ¿Lo veo? ¿Me sostengo a mí mismo cuidándome, aceptando lo que siento y dejando saber mis necesidades? ¿O me encojo ante la crítica, culpo a otros por mi situación y busco el camino más fácil? ¿Lo hago? ¿Lo hago? ¿Reconozco mi verdad y la expreso cuando siento la necesidad? ¿O permito que el temor y el deseo de satisfacer a los demás me hagan quedarme callado? ¿Lo hago? ¿Lo hago? ¿Continúo haciendo las cosas que sé que no son buenas para mí y que no me traen lo que deseo? ¿O me examino, me corrijo, me acepto a mí mismo, pero comprometiéndome a ser mejor? ¿Lo hago? ¿Lo hago? ¿Sé lo que quiero, creo que puedo tenerlo, hago todo lo que puedo para hacerlo realidad? ¿O acepto lo que otros me dicen acerca de mis limitaciones y me limito a mí mismo a base de lo que creen ellos? ¿Lo hago? ¿Lo hago? ¿Tengo fe en el espíritu, fe en mí mismo, fe en las cosas que no se ven? ¿La tengo? ¿La tengo? ¿La tienes tú?

Yo no soy quien solía ser. Soy mucho mejor.

Si el dinero es tu esperanza de independencia, nunca lo tendrás.
—Henry Ford

¿Lograré superar los tiempos difíciles? ¿O me daré por vencido? ¿Lo haré? ¿Lo haré? ¿Me levantaré esta mañana con una actitud positiva, saludaré a todo el mundo con una sonrisa y estaré agradecido de estar vivo? ¿O llevaré una mala actitud hacia el mundo y haré que todo el mundo desee que yo no exista? ¿Lo haré?¿Lo haré?¿Aceptaré a las personas con las que me encuentre hoy por quienes son y las estimularé a que se conviertan en parte del grupo? ¿O buscaré a la gente que yo creo que es superior al resto y me alejaré de esos que considero por debajo de mi nivel? ¿Lo haré? ¿Lo haré? ¿Haré mi parte y daré de mí para crear mi propia independencia? ¿O aceptaré los mendrugos que me mantienen dependiendo de personas, condiciones y situaciones? ¿Lo haré?¿Lo haré? ¿Confiaré en mí y seguiré mi primer pensamiento? ¿O buscaré que los demás me validen? ¿Lo haré?¿Lo haré?¿Lo harás tú?

Hoy yo me conoceré, me honraré, me apoyaré y confiaré en mí.

Cuando Dios da la luz del día, la da para todos.
—Proverbio cubano

No hay nada que necesites que no tengas ya. No hay nada que necesites saber que no sepas ya. No hay nada que desees que no exista ya. No existe nada que sea demasiado bueno para ti. No hay nada que alguien tenga que tú no puedas tener. No hay nada más poderoso, más inteligente, más sagrado que tú. Tú eres la materia de la que está hecha la vida. Tú eres la esencia de la vida. Tú has sido elegido en este momento, en este lugar, para estar entre los vivos. Tú vienes de una larga línea de seres vivientes exitosos. Tú eres uno de los hijos del rey. Nacido en el mundo para heredar el reino. Tú estás equipado para manejarlo todo. Tú vives por la gracia divina, estás hecho por el amor. Tú eres la causa y la razón de todo lo que ves. Tú eres uno solo con la Fuente. Tú eres creativo. Tú estás vivo. ¿Qué otra cosa puede importar?

Hoy yo reclamo mi herencia Divina.

INDEX